グロービス

MBA
ビジネス・ライティング

BUSINESS WRITING

嶋田 毅 [監修]
グロービス経営大学院 [著]

ダイヤモンド社

● まえがき

　ビジネスに限らず、文章の持つ力は非常に大きいものだ。文章の中のフレーズの使い方や文章が醸し出すトーンによって、人は大いに揺さぶられ、行動を起こすということが少なくない。あるいは、ふと目にした文章の中から、人生訓となるような一言やフレーズを見つけ、ときどき思い出すといった経験をお持ちの方も多いだろう。

　一方で、文章は怖いものでもある。たとえば、実際に会って話をしてみたら非常にソフトな物腰で常識的な考え方の人であるにもかかわらず、もらったメールや発信している文章のメッセージには棘があるように感じられてしまうということも少なくない。態度や表情などで非言語コミュニケーションができ、かつインタラクティブ性（双方向性）を保ちやすいプレゼンテーションなどとは異なり、文章のみでのコミュニケーションは制約が多く、それゆえの難しさが常に付きまとう。

　しかも、対話における言葉は消えてしまうが、メールなどに書いた文章は、いつまでも証拠として残ってしまうという難しさもある。

　必然的に、ビジネス文書では、最初から、ある程度説得力のある内容を、読み手の感情などにも配慮してわかりやすく文章にまとめる力が必要とされる。そのためには、読み手の状況を推し量るイマジネーションと、論理性、そして平易でもかまわないから相手の情動に訴えかける言葉を選択する力などが必要とされる。

　しかし、それを、自信を持ってできていると断言できるビジネスパーソンは稀だろう。

「自分の文章はよくわかりにくいと言われる」
「文章を書くのは苦手だ。特に長い文章が書けない」
「文章を書くのはいいが、どうしても時間がかかってしまう」

　多くの人は、文章に関してこのような苦手意識を持っているものだ。しかし、それをそのままに放置しておけないのが現代という時代である。さまざまな媒体が増え、かつスピードが求められる中、文章の力で他者の関心を引き、多くの人を動かす、つまり行動に至らしめる——これが現代のビジネスリーダーに求められる能力の1つとなってき

ているのだ。

　ところで、文章が苦手な人にはいくつかのパターンがある。本書は、そうした中で、下記に示したようないくつかの典型的パターンを想定し、それらすべてに対して解を提供していくことを目指している。

パターン①：まず、そもそも何をどう書いていいのかがわからない
パターン②：言っていることは間違っているわけではないが、ひっかかりがなく読み流されてしまう、あるいは、そもそも読んでもらえる文章になっていない
パターン③：文章そのものが雑で、誤解を受けたり、書いている人間や所属する組織の知性や品格を疑われたりしてしまう

　どれか1つのパターンに絞った書籍は多いが、すべてに応えている書籍はなかなかない、というのが本書を書き始めた動機でもある。

●───　**類書との違い、本書の特徴**

　では、世の中にどのようなライティングの書籍が出ているだろうか。ここでは大きく以下の4つのカテゴリーに分けた。

①ロジカルシンキングを前面に打ち出したもの
　筆者も監修で関与した『考える技術・書く技術』(バーバラ・ミント著、ダイヤモンド社、1999年)などがその典型だ。これらの書籍は、文体などはあまり取り上げず、基本的に説得力のある論理構成に軸足を置いている。主にコンサルティング会社出身者によって執筆されていることが多く、「書く」能力以上に、「考える」能力にフォーカスを当てているといえる。また、ロジック(理)重視で、エモーション(情)に関する取り扱いは少ないことが多い。

②「文章読本」系のもの
　主に作家の観点から「美しい日本語の文章」について語ったものが多い。題材がほとんど文学ということもあり、ビジネスパーソンのニーズには必ずしも応えきれていない。ただし、レトリックなど「心に響く文章表現」に関するヒントは多い。

③「伝わる文章テクニック」系のもの
　文章の美しさよりも、実務的に正しく人に伝えることにフォーカスを当てている。執筆者はさまざまなバックグラウンドの人間がおり、ビジネスパーソン、ライター、記者、学者など多岐にわたる。
　古典的名著としては『理科系の作文技術』（木下是雄著、中央公論新社、1981年）があり、理科系の人間のみならず、多くの人に愛読されている。ただ、同書は優れた指南書ではあるが、比較的長い文書（レポートなど）を対象としており、昨今、ビジネスパーソンが「書く」という作業に最も時間を使うメール文などには触れられていないという難点がある。

④文例集、テンプレート系のもの
　たとえば冠婚葬祭の文書例やレジュメの書き方の例などを紹介しているものだ。辞書、マニュアル的な位置付けといえる。

　こうして見てくると、どのカテゴリーにも優れた指南書は存在するものの、先述した、「読み手の状況を推し量るイマジネーションと、論理性、そして平易でもかまわないから相手の情動に訴えかける言葉を選択する力など」について満遍なく触れつつ、かつ組織を代表してさまざまなステークホルダーに接するビジネスパーソンとして備えるべき「ある程度の知性や品格を感じさせる」文章を書くための指南書はほとんどない状況である。
　上記④のカテゴリーは特殊なので除くとしても、これでは、多くのビジネスパーソン

は、さまざまなカテゴリーの書籍を読んでそれらを統合しないと、なかなか良い文章が書けないということになってしまう。

本書は、こうした問題意識に鑑み、上記の①〜③の要素を網羅することで、先述した、文章が苦手な人のパターンすべてに応えていくことを狙っている。

また、近年のビジネス環境の変化を踏まえ、メールやブログなどの文例を積極的に採用している。実践的であることはもちろん、「ワンストップ」「現代のビジネス環境に合わせている」という点に類書との差がある。

なお本書では、現在のビジネスの現場での文章としての実践性、適切さを重視し、必ずしも伝統的な日本語表現に則っていない部分があることをあらかじめお断りしておく。

●―― 本書の構成

序章では、まず、「ビジネスにおける良い文章の条件」について、改めて述べる。また、良い文章を書くことが、結局は考える力や人に対する配慮などを向上させることを確認する。ここは、本書の根源的な哲学ともいえるパートでもある。ぜひ、強く意識してほしい。

その後、書くことに対して以下のような苦手意識を持つ読者に、各章で応えていく。

第1章、第2章:「何をどう書けばいいか、わからない」
第3章、第4章:「読み流されてしまって、目的を達成できない」
第5章:「洗練された文章が書けない」
第6章:「長い文章を、効率よく書くことができない」
第7章:「文章を推敲して改善する、という作業のイメージがつかめない」

第1章は、文章を読んでもらうための工夫について書く。意外と忘れられがちである

が、どれだけ良い文章を書いても、読まれなければ意味がない。読み手や、そもそもその文章を書いた目的も押さえながら、どうすれば文章が読まれるか、という点について述べる。

第2章は、主張とその根拠を明確にするということについて説明していく。この部分は、ロジカルシンキング、ロジカルコミュニケーション系の書籍などでよく語られる内容をかなりの部分、踏襲しているが、説得力のある文章を書くうえでの重要なポイントなので、改めて確認していく。

第3章は、文章で述べた内容を相手の記憶に残す、というテーマについて触れる。ロジカルで整理された話だから記憶に残りやすいというわけではない。人間が「忘れる動物」であることを前提に、読み手の頭にいかに強い印象を残し、記憶に留め、行動につなげるきっかけにしてもらうかという議論をする。

第4章では、読み手の頭に印象づけ、行動を促す文章の「構成」と「トーン」について説明していく。

第5章は、読みやすい文章について説明している。忙しいビジネスパーソンを相手にする文章が、読みにくかったり、誤解を招いたりするようでは失格だ。しかし、その「当たり前」ができていない人が多いという現実を鑑み、ストレスなく読める、洗練された（みっともなくない）文章を書くコツについて紹介していく。特に、読み手が多く、公式度合いの高い文書では、この部分は重要だ。

第6章では、ビジネスにおいて文章を書くプロセスと、良い文章を書くうえで日常から持っておくべき心構えについて議論する。特に「文章をなかなか書けない」という方には読んでいただきたい。

最終の第7章は実践編であり、「もっと工夫できる文章」をどう改善するか、あるいは、あるテーマ（題）が与えられた時に、どのような文章を書けば効果的か、実際の例を見ながら議論していく。

全般を通して、本書は、決してプロのライターや文章家、記者などを対象に書いてい

るわけではない。読んでいただきたいのは、あくまで一般のビジネスパーソンである。ビジネスパーソンの文章力が上がることは、ビジネスの効率が増すという直接的なメリットに加え、

- 相手の置かれた状況に対するイマジネーションが向上する
- ロジカルな思考力が上がる
- 「人」というものに対する理解を深めようとする動機になる

という、多くの副次的なメリットがある。ぜひ、多くの方が、本書で紹介したテクニックや心構えを踏まえ、ビジネスで良き文章を書かれることを期待したい。

　最後に、本書を執筆するにあたってご協力いただいた方々に感謝を述べたい。グロービス出版部門の同僚の大島一樹氏には、例文の探索などで非常にご協力いただいた。また、本書の中で取り上げた文例やそのインスピレーションの元となった文章は、社外の方のものもあれば、グロービスメンバーのものも多く含まれる。題材をご提供いただいた皆様に感謝したい。ダイヤモンド社のDiamondハーバード・ビジネス・レビュー編集部の木山政行副編集長、片桐嘉人氏には、全般にわたってさまざまなアドバイスをいただいた。この場を借りて改めて感謝を申し上げる。

　本書が、1人でも多くの方に読まれ、実際に参考にしていただけたら、著者としてこれ以上の喜びはない。

執筆・監修　嶋田毅

◉ 目次

まえがき

序章　ビジネスにおける良い文章の条件　1

- 1 ……… 目的を押さえている　6
- 2 ……… 読み手のことを理解している　9
- 3 ……… 読んでもらえる　10
- 4 ……… 内容がしっかりしている　11
  - 主張が明確で説得力がある　11
  - 印象に残る　12
  - 目的に合った構成、トーンになっている　13
  - 文章が読みやすく、読んでいてストレスがない　14
- 5 ……… メール文修正例　14

第1章　読んでもらえる文章を書く　17

- 1 ……… 読んでもらえるように工夫する　20
  - 冒頭にアイキャッチな何かを置く　21
    - ❶タイトル　❷目次／見出し　❸リード／第1段落
  - 読み進めたくなるだけの体裁を整える　25
  - 文章の硬軟に配慮する　30
- 2 ……… 読み手を知る　31
  - 読み手の人数と属性は？　32
  - すでに知っていることは？　関心は何？　33
  - 感情やメンタリティは？　35
  - どのくらいの時間がある？　35
  - いつどこで読む？　どのような媒体で読む？　36

　　　　　　読み手にどのような状態になってほしい？（どのような行動をとって
　　　　　　ほしい？）　36
　　　　　　　　Column：広告コピーに学ぶ　39
　　3………自分は何をしたいのかを確認する　40

第2章　説得力をもって主張する　43

1………結局何を伝えたいのかを明確にする　47
2………主張を支えるロジックがしっかりしている　49
　　　　過度の飛躍を避ける　55
　　　　伝えたいことの根拠をバランス良く網羅する　56
　　　　　　Column：確証バイアス　57
3………ファクトに基づいた主張をする　58
　　　　ファクトとは何か　58
　　　　　　Column：「言い切る勇気」を持つ　60
　　　　ファクトだけを根拠にしていては「エッジ」が生まれない　61
　　　　　　Column：主観も大事にする　61
4………具体的イメージが湧く　62
　　　　ビッグワードを避ける　65
　　　　述語が不明な体言止めを避ける　66

第3章　印象を残す　69

1………読み手の問題意識や好奇心に沿っている　72
2………読み手にとっての目新しさがある　75
3………多くを語りすぎず、ポイントにフォーカスする　77
4………レトリック（修辞法）の力を知る　81

　　　　　印象に残るフレーズ　85
　5………**熱い思いや信念を伝える**　87
　　　　　文章の構想段階から求められる思いの強さ　91
　　　　　　Column：思いに社会性を込める　92
　6………**書き手の人となりが伝わる**　93
　　　　　　Column：読後感を意識する　99
　　　　　自分を大きく見せようとすると失敗する　99
　　　　　個性の打ち出し方を間違える　100

第4章　目的に合った構成、トーンにする　103

　1………**構成、ストーリーラインに配慮する**　107
　　　　　ストーリーラインの役割　112
　2………**実務的なストーリーライン**　113
　　　　　❶トップダウン型　❷問題解決型　❸起承転結（序破急）型　❹物語型
　　　　　ストーリーラインの例　118
　3………**個別の塊の構成、順序**　122
　　　　　❶構造に沿って　❷重要度の順で　❸時間の経過に沿って　❹慣例に沿って
　4………**読みやすい外形に整える**　124
　　　　　適切な見出し、読みやすいレイアウトを用いる　127
　　　　　インデントを適切に設ける　131
　5………**目的に合う文章トーンを選ぶ**　133
　　　　　文章のトーンに関する注意事項　135

第5章　センテンスをわかりやすく書く　137

1　ストレスを感じさせない文章を書く　141

❶一文一義にする　❷読点をうまく使う　❸適切な接続詞を使う　❹文章を「完成」させる　❺なるべく平易な言葉を使う　❻「 」や（ ）、──を使って意味を明確にする　❼平仮名・カタカナ・漢字のバランスに配慮する　❽センテンスは短くする　❾文章をスリム化し、冗長さをなくす　❿リズムよく書く　⓫日本語らしく書く

Column：ソーシャルメディアでは文章の完成度より、人となりや即時性が大事　151

Column：検索に引っかかる用語を使う　152

Column：皮肉や態度保留を示す「 」　154

2　もう一工夫する　163

❶差別用語やポリティカル・コレクトネスに配慮する　❷紋切表現や常套句は控えめに　❸最大公約数的な表記ルールは遵守する

Column：固有名詞は正確に　167

第6章　文章を書くプロセスと心構え　169

1　文章を書くプロセス　173

2　ステップ❶：書き始める前に準備する　174

❶考える　❷情報を集める　❸再び考える

3　ステップ❷：書けるところから書き始める　178

書きながら考える　179

4　ステップ❸：エネルギーを止めないで書く　180

語りかけるように書く　181

検索を活用する　181

- 5 ステップ❹：推敲し、修正する　182
  - 推敲、修正は企業の「品質管理」と同じ　182
  - 推敲、修正する際には「最初に書いた時とは別の目」で　183
  - もう一度、読み手が誰で目的が何であったかを確認する　183
- 6 時間管理をする　184
- 7 文章力を上げる心構え　185
  - 良い文章に学ぶ　185
    - Column：自分のスタイルを確立する　186
  - 常日頃から引用できそうな語句や事例、切り口にアンテナを張る　187

第7章　実践する　189

- 1 添削をして文章を修正する　190
  - 文例①　190
  - 文例②　194
  - 文例③　198
  - 文例④　201
    - Column：本来の意味とは異なる用法が一般化した言葉　206
  - 文例⑤　207
- 2 あるシチュエーションで効果的な文章を書く　211
  - 文例①　211
  - 文例②　212
  - 文例③　214
  - 文例④　216
  - 文例⑤　218

あとがき　221
参考文献　224
索引　225

序章

ビジネスにおける良い文章の条件

POINT

ビジネスにおける良い文章の条件として、❶目的を押さえている、❷読み手のことを理解している、❸読んでもらえる、❹内容がしっかりしている、の４点がある。

CASE

大野健三は中堅広告代理店アルティメット社のクリエイティブ部の部長である。アルティメット社では、最近、新しい試みとして、スマートフォンを利用料も含めて全額会社負担で従業員に貸与することを検討していた。いきなり全社で展開することには慎重論も多かったので、まずはクリエイティブ部において実験的にスマートフォンの貸与を始めてみた。

従業員は非常に喜んだものの、大野は危惧される現象が起きていることに懸念を抱いた。それは、ある程度予想されたことではあったが、私用でのスマートフォン利用がかなりの比率を占めているとみられることである。また、中には業務時間中にスマートフォンでゲームなどをしたりして遊んでいるスタッフもいるようであった。

もともとアルティメット社では、PCも１人１台従業員に貸与していたが、PCは画面が大きいので、社内で私用などに使っていれば目立ってしまう。また、ネットワークを管理するシステム部がその気になれば調査も容易なため、おのずと私用に対しては自制する人間が多かった。一方、スマートフォンについては、持ち運びも容易なことに加え、何に使っているかを明確にするのに手間がかかるため、なかなか自制が働かないようであった。

こうした状況下、大野は、スタッフに向けて警告すべく、メールを打とうと考え、まずは以下のような草稿を書いた。

メール文①

件名：スマートフォンについて

各位

先輩よりスマートフォンについては会社負担での貸与を行ってきました。これは、新しい情報化時代に向けて、新しい仕事のあり方を模索するためのものであるのは今さら説明の必要はないと思います。その中でまずクリエイティブ部で実験的にスタートしたのは、クリエイティブ部がふさわしいと考えられたからです。しかし、現実的には、かなり使用で用いている人間が多いようであり、あまつさえ勤務時間中に業務以外の不適切

な用途に用いている人間も多いと聞きます。自分自身、非常にがっかりする思いであり、残念このうえありません。もしスマートフォンの不適切な使用を見つけたら、私まで連絡してもらえますか。場合によっては何かしらの対応をとらせていただきます。

　夜遅かったこともあって、大野はこのメールを送信するのは翌日にしようと考え、その日はそのままオフィスを出た。そして翌朝、このメールの草稿を読んで改めて考えた。「このような、密告を促すようなメールを出したらかえって反感を買いそうだし、自分の人間性が疑われそうだ。そもそも、『何かしらの対応』というのも脅しめいていて嫌な感じだ。いきなり冒頭が、『先般』のつもりだったのが『先輩』とタイポ（タイプミスや誤変換）になっているのもみっともないし、5行目の『使用』は『私用』の変換ミスだし……。昨日メールを出さないでよかった。ちゃんと書き直そう。気分が高揚していたせいか、その他にも文章がかなり雑で読みにくい箇所があるしな」
　大野は、「多少私用で用いようが、それを会社負担にさえしなければいいわけだ」と考え、以下のように書き換えた。

メール文②

件名：スマートフォンについて

各位

先般よりスマートフォンについては会社負担での貸与を行ってきました。これは、新しい情報化時代に向けて、新しい仕事のあり方を模索するためのものであるのは今さら説明の必要はないと思います。その中でまずクリエイティブ部で実験的にスタートしたのは、クリエイティブ部こそが、新しい仕事の仕方を最も必要とすると考えたからです。

しかし、現実的には、かなり私用で用いている人間が多いようであり、また、勤務時間中に業務以外の不適切な用途に用いている人間も多いと聞きます。このようなことが続くと、他部署にも示しがつきませんし、この試みも中止となるでしょう。

そこで、もしスマートフォンを私用で用いる場合には、それを個人負担にすることを検討したいと思います。

　大野はこれでメールを出そうとしたが、やはりまだしっくりとこなかった。メールで

伝えたいことそのものは、先のメールに比べてずいぶんクリアにはなった。しかし、現実的に、私用と業務用の使用をどう見分ければいいのか。クリエイティブという仕事柄、一見遊びのようなことが、仕事につながることも多い。それをいちいち判断しようとすれば、無駄に管理コストがかかるのは明確であった。それを見越して、「どうせそんなことしないだろう」と考えるスタッフもいそうである。大野はまた頭をひねった。
「自分は結局、何をどう書けばいいのだろうか？」

解説

　ビジネスにおける良い文章の条件とは何だろう？　もちろん、一言で「ビジネスの文章」といっても、小説仕立てにした読み物、書籍、レポート、ビジネスメール、コラム、ブログ、ソーシャルメディアへの書きこみなど、さまざまなものがあるが、ここでは特に注釈がない場合は、ビジネス文書の中でも重要な位置を占める、電子メール（メールマガジン＝メルマガを含む）やホームページ、ブログの文章、あるいは比較的まとまった文章量が求められるビジネスレポート（例：調査レポートや提案文書）などを念頭に置きながら議論を進める。

　また、原稿用紙に鉛筆やペンで直筆の文字を書くようなシーンは想定していない。基本的に、PC等でワープロやメーラー、あるいはそれに準じるソフトを用いて電子的な文書を作成するシーンをイメージしている。それゆえ、本書では基本的に横書きの文章を前提にしている。

　なお、本書では、箇所によって「文章」という表現を使っているところと、「文書」あるいは「センテンス」という言葉を使っているところがある。「文章」は書かれたものや事柄全般を、「文書」の方は書類やメールなど「形」としての完成形を、「センテンス」は個々の文（句点から句点の間）を示す場合が多いが、必ずしも100％機械的に使い分けているわけではない。文脈に沿って、より自然に当てはまると思われる表現を用いているのでご容赦いただきたい。

　以下、**図表序-1**に示した良い文章の条件について順次説明していこう。

図表序-1　ビジネスにおける良い文章の条件

❶目的を押さえている	❷読み手のことを理解している
❸読んでもらえる	❹内容がしっかりしている

1 ● 目的を押さえている

　大前提として、目的を押さえているという点が必要だ。これは物事を正しい方法で正しく考えるというクリティカル・シンキングの、基本中の基本姿勢でもある。
　目的を押さえているとは、その文章を書くことによって、読み手にどのような行動をとってもらったり、影響を与えたりしたいかを把握しているということだ。
　新キャンペーン告知のメルマガであれば、「このキャンペーンを活用したい」と思ってもらうことであり、さらに望ましくはそのままリンクサイトに行くなどして、すぐに利用してもらうことだ。雑誌や新聞に出す広告コピーであれば、ボディ（本体の説明部分）まで目を通してもらって、その製品・サービスに関心を持ってもらうことになる。
　自分の考えを伝えたいコラムやブログであれば、しっかり最後まで読んでもらい、自分の考え方を過不足なく理解してもらうこととなるだろう。もし、その先の展開として仕事の依頼を期待するのであれば、「この人に仕事をお願いすると、しっかりした仕事をしてくれそう」という期待を持たせるだけの知識や考え方、シャープな視点を伝えることが必要になる。
　伝達のメールであれば、伝達すべき内容を的確にまとめ、「確実」に読み手に伝達内容が伝わり、業務が滞りなく進むことが絶対条件となるだろう。

　もちろん、世の中には、個人がプライベートで書くブログや日記など、他人に行動を促したり影響を与えたりすることを目的としない文章も存在する。しかし、ビジネスで書く文章は、基本的に他人に行動を促したり影響を与えたりすることを目的としており、そうでない文章は極めて稀な存在といってよい。つまりビジネスにおいては、目的をしっかり押さえたうえで、その目的を効果的に果たせる文章であることが、絶対的に必要な条件なのだ。どれだけ美しい文章であっても、目的を外してしまい、その目的を達することができないとしたら、それは良い文章とはいえない。
　しばしば、文章を書くという行為自体が目的化してしまい、本来の目的が何であったかによらず、「文章を書いた」という行為をもって目的を果たしたと考える人もいるが、それは最も避けるべき落とし穴の1つである。
　簡単な文例で確認してみよう。以下のメールのまずい点は何だろうか。

❌
件名：ご相談

> こんにちは。
> 私、△△△社の佐藤と申します。
> □□□様のご紹介で池田様にご連絡させていただきました。
>
> 弊社は、流通向けのコンサルティング会社で、独自に会員向けにメルマガを発行しています。
>
> その中で、社内マーケティングということを次回の特集にしたいと考えており、池田様が目にとまり、ご連絡さし上げた次第です。
>
> 一度、ご挨拶を兼ねましてお会いさせていただきたいのですが、お忙しいところ恐縮ですが、ご連絡をいただけましたら幸いです。
>
> 何卒よろしくお願い申し上げます。

　この例では、一度会いたいということはわかるのだが、その目的が曖昧で、何を目的として会いたいのかがわからないため、読み手である池田氏も困ってしまう。単に会って議論をしたいのか、それとも取材をしたいのか、あるいは執筆の依頼なのか。
　そもそもなぜ自分なのか、という疑問も湧くだろう。池田氏は質問のメールを出すことになるだろうが、わざわざそうした質問メールをする必要をなくすというのが、特に外部の関係者に対する文章の基本である。
　今回は知人の紹介であるから池田氏もむげに扱うことはないだろうが、多忙であったり、気難しい読み手の場合、このメール自体が無視されたり、他の案件に劣後することになり、忘れ去られる可能性すらある（これは、次に説明する「読み手のことを理解している」とも関連してくる）。
　今回の例であれば、以下のように書くと、自分が何を言いたいのか（相手に何をしてほしいのか）が明確になるし、文章を書く目的も押さえているといえるだろう。

> ◯
> 件名：取材のお願い
>
> こんにちは。突然のご連絡、失礼いたします。
> 私、△△△社の佐藤と申します。

□□□様のご紹介で池田様にご連絡さし上げました。

　弊社は、流通向けのコンサルティング会社で、独自に会員向けにメルマガ「○○○ニュース」を発行しています。今回、池田様に、このメルマガの取材にご協力いただけないかと思い、ご連絡いたしております。

　池田様にご連絡した理由ですが、次回の「○○○ニュース」のテーマは「社内マーケティング」です。このテーマについて調べていましたところ、まさに池田様がこのテーマで「＊＊＊紙」に記事を執筆されていることを知りました。いくつか調べました記事の中でも、最もわかりやすく、コンパクトにまとまっている記事と感じました。造詣も深く、最先端の情報を押さえられている点が特に素晴らしいと思います。

　ちょうど、コラムの中に事例として□□□様の会社が取り上げられており、たまたま□□□様は以前にこのメルマガにご協力いただいたことから、池田様のご連絡先をお教えいただいた次第です。

　つきましては、ご多忙の折とは存じますが、ぜひ池田様に1時間程度取材をさせていただき、弊社サイドで文章をまとめ、原稿の監修をお願いできないかと考えております。

　もしご協力いただけるようでしたら、ご都合のいい日時に池田様のオフィスまでうかがわせていただきたいと考えています。ご多忙かとは思いますが、ご都合のいい日時を2、3ご連絡いただけますでしょうか。

　突然のお願いで恐縮ですが、よろしくお願いいたします。

（日本語の厳密な表記ルールとしては、段落の冒頭や改行後は1字下げをすべきであるが、メールやブログの文書では、改行を多用し、1字下げをしない書き方がかなり市民権を得ている。冒頭ケースのメール文や、上記の例でもその形をとった。以降も、メールやブログなどの文例ではそうした体裁を採用しているものが多いことを断っておく）

　もちろんこれでも不明な点はあり（例：どのレベルの読者層なのか、過去の特集はどのようなものか、礼金はいくらなのかなど）、質問したくなるかもしれないが、それらは通常、最初のコンタクト後にやり取りされるものである。「そもそも何なの？」という感じで

はないから、大きな問題ではないだろう。

　また、最初からあまりくどくどと長いメールを書くと、かえって相手に正確に意図が伝わらなくなる可能性もあるから、最初のメールの本文としては、このくらいがバランス的に無難と思われる（もちろん、詳細は添付資料で添えるという方法もある）。読み手の目線に立って、丁寧かつ簡潔に書くことが、このシーンでは目的の達成に効果的なのだ。

　冒頭ケースでは、大野はメール文②を書き上げた後も、「何のためにこのメールを出すのか」という、そもそもの目的の置き方で苦労しているのが見て取れる。この「❶目的を押さえている」ということに加えて、これから説明していく「❷読み手のことを理解している」「❸読んでもらえる」「❹内容がしっかりしている」を考慮して書き換えたメール文例を本章の最後に示すことにしたい。

2● 読み手のことを理解している

　大前提となる目的を押さえたうえで、読み手のことを理解しているという点が必要だ。読み手は誰（どんな層）で、どんな関心を持っていて、いつこの文章を読むのか——そうしたことに無頓着では、当然ながら、目的を効果的に達成することはできないからだ。

　たとえば、一般の消費者相手にセールスのための製品説明をするのであれば、あまり難解な技術用語を用いると、言いたいことは伝わりにくいし、購買行動に結びつきにくい。そうしたケースであれば、技術的な説明は極力最小限に留め、結局どのような便益があるのか、他社の製品や過去の製品とどのような差異があるのかを、ユーザー視点で書く方が望ましい。

　あるいは、忙しい人に読んでもらいたいのであれば、数十ページもある単調なレポートを作成しても、そのまま机の上で眠らされかねない。せめて1ページのエグゼクティブサマリー（全体の内容をまとめた文書）を冒頭につけるなどの工夫が必要だ。

　詳細は後に触れるが、昨今、特に意識したいのは、読み手の感情の状況である。文章はロジカルで整然としていればしっかり伝わるというものではない。人間を突き動かすのは、ロジック（理）以上にエモーション（情）であるという場面も少なくない。読み手の感情の状況を踏まえたうえで、目的を果たせる文章を書くということも意識したい。

　ケースのメール文①は、読み手の感情に対する配慮がなく、かなり自己中心的であったことがわかる。メール文②はその点かなり改善はされたが、それでも、読み手であるクリエイティブ部スタッフの関心や感情をまだ完全に理解したとは言いがたい。

3●読んでもらえる

　忘れられがちなことであるが、文章は良いものを書けばそれで終わりというものではない。その文章を「読んでもらえる」ということがさらに必要だ。言い方を変えれば、「読んでもらえるための何か」がある、ということである。

　もちろん、たとえば上司からのメールであれば、それを無視する人間はいないだろうから、わざわざこうした要素を考える必要はない。つまり、上司からのメールというだけで、読むことに対する強制力が働いており、読まざるを得ない状況にあるのだ。顧客からのメールや、仕事で読むように指示された書籍なども同様だ。

　しかし、こうした強制力が働くビジネスの文章は意外と少ない。むしろ、近年は、多くのビジネスパーソンは、そうした強制力がない文章を多く読んでいるはずだ。たとえば、メルマガであったり、ブログであったり、ホームページのお知らせであったり、ソーシャルメディアの情報である。

　こうした媒体に書かれている文章は、そもそも読み手がそれを読む「義務」はない。特に昨今は情報量が急増し、文章が世の中にあふれている。興味（アテンション）を持ってもらえるだけでもありがたいというのが現状であろう。興味やそれに向ける時間、エネルギーこそが最大の希少資源ともいわれる現代のビジネスシーンにおいて、この意識を持つことは非常に重要だ。

　繰り返すが、多くの文章は、「読み手がその文章を読む義務はない」——それを前提に文章を書く必要がある。

　では、具体的に、文章を読んでもらうための「何か」とは何だろうか。ここではメルマガを想定しながら考えてみよう。多くの人が数多く受信しながら、「読まない」という選択をしていることが多い文章の典型だからだ。

　読んでもらうためのポイントの1つは、書籍などと同様、書き手の知名度である。書き手が有名な経営者やオピニオンリーダーであったり、常日頃から有用な情報を提供しているという評判があるなら、それだけでメルマガを開き読んでもらえる可能性は高くなる。

　ただし、まだそのレベルに至っていない一般の個人であったり、企業のメルマガ担当者であれば、文章を読んでもらうための何らかの工夫が必要になる。たとえば、「お役立ち感」がありそうなタイトルや、一瞬ドキッとする意外なタイトルをつけるなどがその典型だ。読み手の関心、興味を引きつけるよう、冒頭の文章に工夫を凝らすなどもそうした要素の1つである。いずれにしても、その先を読みたくなる仕掛けが必要なので

ある。
　広告コピー業界の大御所であるジョセフ・シュガーマンは、「コピーライトの第1行目の最大の目的は、第2行目を読ませること。第2行目の最大の目的は第3行目以下を読ませること」と述べている。メルマガなどの文章も、基本的にこの考え方が通用すると考えてよい。

　冒頭ケースでは、大野は部長という立場にあるので、ほとんどのスタッフは否が応でもこのメールに目を通すことにはなるだろう。ただ、タイトルなどはやや平板であるため、「もっと真剣に読んでもらう」ための工夫はできそうだ。
　なお、本書では、この「読んでもらえる」というポイントは、「❶目的を押さえている」「❷読み手のことを理解している」と合わせて第1章で解説する。

4 内容がしっかりしている

　内容面に関しては、本書では、

- 主張が明確で説得力がある
- 印象に残る
- 目的に合った構成、トーンになっている
- 文章が読みやすく、読んでいてストレスがない

という4つの点を指摘したい。

◉── 主張が明確で説得力がある

　まず重要なポイントは、何を主張しているかが明確なことだ。モニター募集の案内メールであれば、当然、「モニターをやるとなにかしらの便益（ベネフィット）があるのでぜひご参加ください」ということが主張（メインメッセージ）となるし、ホームページにおける人材募集の告知であれば、「我々はこういう人材を求めています。もしそれを満たす方であれば、我が社に入るとより良いキャリアを構築できるし楽しいですよ」といったことがメッセージとなる。
　ブログなどのやや散文に近い文章では、必ずしも1つのメインメッセージが存在すべきということにはならないが、それでも、伝えたい要点が、最終的にせいぜい2、3個くらいに集約できないようでは、ビジネス文書としては失格である。

主張は明確なだけではなく、説得力がある必要がある。たとえば、「有料でもいいので社内託児所を導入してほしい」という従業員からの主張は、どれだけ主張が明確だったとしても、その主張の裏付けとなる根拠が脆弱であれば、会社には受け入れられない可能性が高い。たとえば、「皆が喜びますし、スペースも何とかつくれます」くらいでは、会社は動かない。

　ポイントは、根拠がファクト（事実）に基づいており、論理展開もしっかりしていることだ。たとえば、上記の新施策について、「緊急時に子どものケアができるなど、メリットは大きく、実現するだけのリソースも十分あるし、採算性も問題ない。PR効果もあるし、優秀な女性社員の採用やリテンションにも効果的だ。一方で、デメリットはほとんどなく、想定されるリスクも十分対応可能である」というロジックが、明確なファクトとともに示すことができれば、文章の説得力、すなわち読み手にとっては納得感も高まるだろう。

　納得感の高さは、そのまま行動に移す時のモチベーションにもつながるので、この点は重要だ。「人間は説明を求める動物」という言い習わしもある。説得力が弱い文章では、どれだけ主張が明確であっても、なかなかモチベーション高く行動を促したりはできないのである。

　なお、中にはわざわざ難解な言葉を用いて自分を賢く見せようとする人もいるが、それは往々にして主張の明晰さやロジックのわかりやすさを削ぐことになる。主張そのものやロジックをしっかり「賢いもの」にしたうえで、言葉遣いなどの表現は、極力皆がわかりやすいものにするというのが、あるべき姿である。

　本書では、第2章において、論理性の高い主張を実現するためのツールである、ピラミッド・ストラクチャーについて触れる。ピラミッド・ストラクチャーは、主張を明確にし、論理性の高い文章が書けるというだけではなく、何をどう書いていいかわからない人が、ある程度まとまった量の文章を書く際にも非常に大きなパワーを発揮する。

◉───印象に残る

　先述したように、現代は情報洪水の時代である。アカウンティングの在庫評価の「先入先出法」ではないが、よほど印象に残るものでないと、すぐに新しい情報に押されて頭の中のメモリーから排除されかねないし、そもそも最初から記憶に留めようとさえしてもらえない。

　一般論として、もともと読み手が強い関心を持っていたり、直接大きな利害に関わることであれば、それほど工夫しなくても記憶に留めてもらえる可能性は高い。たとえば、

ある会社が業績不振のために早期退職を募るメールを社員に出したとしたら、凝った工夫をしなくても、どこまで詳細を覚えているかは別にして、多くの人は記憶に留めるだろう。

しかし、これが新商品案内の営業メールだとしたら、何かしらの工夫をして印象に留めてもらわないと、購買という最終目標に至らない。工夫の例としては、強烈なサプライズ（驚き、「ひっかかり」）を盛り込む、覚えやすい比喩を盛り込むなどさまざまなものがある。詳細は第3章で説明するが、読み流される可能性の高い文章ほど、こうした工夫が必要となる。

印象に残るという観点と絡めて、もう1点指摘をしておこう。

人は事実や正論のみでは動かない。理解と行動の間には、もう1つ重要な要素として「共感」が必要である。そして、共感を覚えるのは、文章の中身以上に、その文章を書いた人間そのものというケースが多い。

言い換えれば、最終的に人を行動、特に強烈な行動に駆り立てるのは、「何が書かれているか」ということ以上に、「どんな人が書いているか」ということなのだ。もともと有名な人であればいいが、そうでない人であれば、自分の人となりや価値観を盛り込み伝えることで、行動につながる共感を生むような工夫が必要となる。人が共感を覚えるポイントは各人違うが、読み手を想定しながら、彼らはどのような人間に共感するかをイマジネーション豊かに想像することが必要である。

◉── 目的に合った構成、トーンになっている

まず構成であるが、たとえば、最終結論を急いで知りたいのに、くどくどと長い前ふりがあるような文章ではビジネス用途には使えない。先述した「印象に残る」というポイントも意識しながら、同時に、文章そのものはスッと頭に入り、読み手の理解の妨げにならず、かつ、読み手の行動につなげるべく印象を残すことが重要である。

トーンとは、文章を貫く語調、語気、用語選択であり、文章から醸し出される雰囲気を左右する。トーンには、「命令調で」「ポジティブに」「知的に」「親しみを込めて」「厳格に」「事務的に」「楽しげに」など、さまざまなものがあるが、どのようなトーンを選ぶかは、もちろん目的次第である。たとえば、部下を叱るメールなら、「こんなことをしてはダメ」ということをしっかり伝えつつ、「部下のためを思って叱っている」という配慮や愛情を醸し出すようなトーンを選ぶ必要がある。

ビジネスでのあらゆる文章で意識したいのは、相手を威嚇したり貶めたりするようなネガティブな感情（ほとんどの場合は怒りの感情）を文章にそのまま叩きつけないことだ。

術数（タクティクス）としてそういう手法を用いる人もいるが、それは危険なやり方である。顔の見えにくい伝達方法だからこそ、感情的な文章ではなく、理性的な文章を心がけたいものである。

人は、同じ内容でも、それがどのような流れやトーンで語られたかで、かなり異なる印象で記憶に留めることになる。「人の記憶に留まり、人を動かす構成やトーン」を意識したい。

● 文章が読みやすく、読んでいてストレスがない

多くの文章論に関する書籍がページ数を割いているのがこのパートである。読み手の多くは、忙しいビジネスパーソンである。読みにくい文章や、いくつもの意味にもとれるような文章では失格である。

プライベートの文章であれば、多少文章が乱れていても所詮仲間内の話であるから問題はない。しかし、公式度合いが高い文章にもかかわらず、読みにくい文章や、日本語としておかしな文章を書いていては、組織全体の評判を下げてしまうことになる。人は文章に知性を見るという点は、少なくとも公式度合いの高い文章では意識しておきたい。

さて、冒頭ケースのメール文①は、内容にはインパクトがあるので、印象には残るかもしれないが、その他の点はすべて落第だろう。表記や構成などかなり読みにくいものになっているし、トーンも感情的で好ましいものではない。文章にも無駄が多すぎる。たとえば「その中でまずクリエイティブ部で実験的にスタートしたのは、クリエイティブ部がふさわしいと考えられたからです」などは、実質的に何も言っていないのと同じだ。核となる内容の妥当性にも大いに疑問がある。

メール文②は、読みやすさも含めてかなり改善されたが、やはり内容の妥当性そのものに問題がありそうだ。

本書では、上記の4つのポイントについて、「主張が明確で説得力がある」を第2章、「印象に残る」を第3章、「目的に合った構成、トーンになっている」を第4章、「文章が読みやすく、読んでいてストレスがない」を第5章で解説していく。

5● メール文修正例

結局大野は、いろいろ考え直した結果、重要なのは業務の生産性を上げることだとの結論に至った。また、昨今の人事管理のトレンドを考えると、「性悪説」でいくよりも、

「性善説」に立ってメッセージを投げかける方がかえって有効なのではと考えた。そのうえで最終的に出したメールが以下である。最終メッセージは、メール文①、メール文②から大幅に変更されている。また、「3自」のような造語をつくることで、読み手の記憶に残ることも意識しているし、読み手の感情にも強く配慮し、トーンも変えている。

　ここまで述べてきた「❶目的を押さえている」「❷読み手のことを理解している」「❸読んでもらえる」「❹内容がしっかりしている」に関する工夫を感じ取っていただきたい（できれば、第5章まで読み進めた後に、改めてこの改編内容を吟味してほしい）。

メール文③

件名：【重要】自由、自己責任、自律の「3自」の業務遂行を

各位

先般よりスマートフォンについては会社負担での貸与を行ってきました。中には私用で用いている人がいるとの噂もあり、何らかの規制をすべきではとの提言もありましたが、私はそれをすべて一律に禁止するつもりはまったくありません。

最終的には、皆さんの生産性向上がすべてです。皆さんの生産性さえ向上すれば、多少の私的利用は大きな問題ではありません。

私は皆さんの良識を信じています。自由、自己責任、自律の「3自」の精神をもって、自己判断で業務を遂行してください。皆さんには自由があります。その分、成果は厳しく問われます。ぜひそれを意識して、生産性向上に邁進してください。

なお、個々人のスマホ使用料については、私の方で把握しています。その額自体で直ちにどうこう言うつもりはありませんが、異常な額については念のため質問する可能性があることは念頭に置いてください。

我々の会社は、人の知恵とモチベーションがすべてです。私は皆さんの良識と可能性を信じています。ぜひ、他部署の規範になるよう、頑張っていきましょう。

　この例からもわかるように、良い文書を書こうとすることは、単に文章を読みやすくするという話に留まるものではない。「正しく考える」というクリティカル・シンキン

グに通じるとともに、「理（ロジック）」に留まらない「情（エモーション）」の世界にも通暁することにつながる。それはビジネスリーダーにとって必須の素養といえよう。
　これらを踏まえたうえで、ビジネスにおけるより良い文章とは何か、そのためのカギは何なのかを意識して本書を読み進めていただきたい。

第1章
読んでもらえる文章を書く

POINT

読まれない文章に意味はない。本来の目的や読み手の状況、自分がしたいことをしっかり把握したうえで、読み手が読みたくなるような工夫を施すことが求められる。

CASE

海原咲子は、ABCコミュニケーションというPR会社に勤める部長である。朝、会社につくと、デスクの上に、部下の山岡太郎からのレポートが置いてあった。大きめのポストイットに「先日ご依頼いただいたレポートを作成しましたので、お目通しください」と書いてある。

山岡は、先月、中途入社でABCコミュニケーションズに入社してきた、20代後半の若手社員だ。前職は畑違いのメーカーの研究所勤務だったが、新しいキャリアを模索したいということで、思い切って転職したという。頭の回転の速い人間であり、まだまだPRの実務については慣れてはいなかったが、「伸び代」を感じさせる若手であった。

海原が山岡に出した課題は、「ソーシャルネットワークが企業PRに与える影響」であった。海原もある程度知っているテーマであったため、それほど新しい発見を期待していたわけではないが、山岡の勉強を兼ねてこの課題を出したのである。

海原は、早速そのレポートを手に取り、読み始めようとしたが、その瞬間に読み進める気が失せてしまった。

「なに、このレポート。いきなり見出しが来て、『現在の企業におけるソーシャルメディアの活用状況』？　それが何ページ続いているの。うーん、全体のフォントがすべて同じだからわかりにくいな。せめて見出しくらいはボールドにするなりフォントを大きくするなり、数字で番号を振るなりしてわかりやすくしてほしいんだけど……。そもそも私も若くないんだから、せめて文字は10.5ポイントくらいにはしてほしいのに、このレポートは全部9ポイントね……。

どうやら5ページ目までがこの活用状況の話のようね。その次が、『面白い事例』か。これも何社取り上げているのかわかりづらいわね。せめて冒頭に箇条書きでリストをつけてくれるだけでも読みやすくなるのに……。人に読んでもらうということをあまり考えていないのかな。この調子で全体で25ページもあるのかぁ。何だか読む気がしないわね。急ぎの資料というわけでもないし、午後の時間の空いた時にでも読むかな」

そして11時頃。資料集めから帰ってきた山岡が海原部長に話しかけた。
「部長、もう読んでいただけましたか？　それにしても、レポートに提案を書いたまさにその日に、○○新聞に、△△社がソーシャルメディア・マーケティングの人員強化なんていう記事が載るのはすごい偶然ですね。ぜひ、レポートにも書いたように、この業界をどんどん攻めていきましょうよ」
　海原は答えた。
「悪いけど、まだ読めていないの。そういう提案が最後に書いてあるの？」
「えっ、まだ読まれていなかったんですか。それは残念です。最後の『まとめ』のところに、自分なりの提言をいくつか書いておいたんですが、ちょうどそれと関連する話が新聞でニュースになっていたので、これは部長も喜んでいただけるかと思って」
「山岡君。あなたのそうした嗅覚というかセンスは良いと思うよ。でも、このレポートは、ビジネスレポートとして零点とまでは言わないけれど、あまり良い点は上げられないな。まずは、読まれないレポートに意味はないということを覚えておいてね。絶対に読んでほしい提言があるなら、それをまず冒頭に持ってくるなり、あるいは、ちゃんと目立つように『提言』という見出しをつけてわかるようにしないと、埋もれてしまって読んでもらえないものよ」

> **解説**

　序章でも書いたように、読まれない文章に意味はない。文章は読まれてこそ初めて意味を持つコミュニケーション手法なのだ。では、どうすれば実際に読んでもらえるのか。**図表1-1**に示したポイントをしっかり押さえ、それを踏まえたうえで文章を書くことが必須である。

　本章では、この流れを意識しつつも、あえて最後の工夫（How）からスタートし、「❸読んでもらえるように工夫する」「❶読み手を知る」「❷自分は何をしたいのかを確認する」の順で解説していく。なお、ベースとして、序章でも書いた、そもそもの目的を押さえるという、クリティカル・シンキングの基本があることは言うまでもない。

図表1-1　文章を読んでもらうために必要なこと

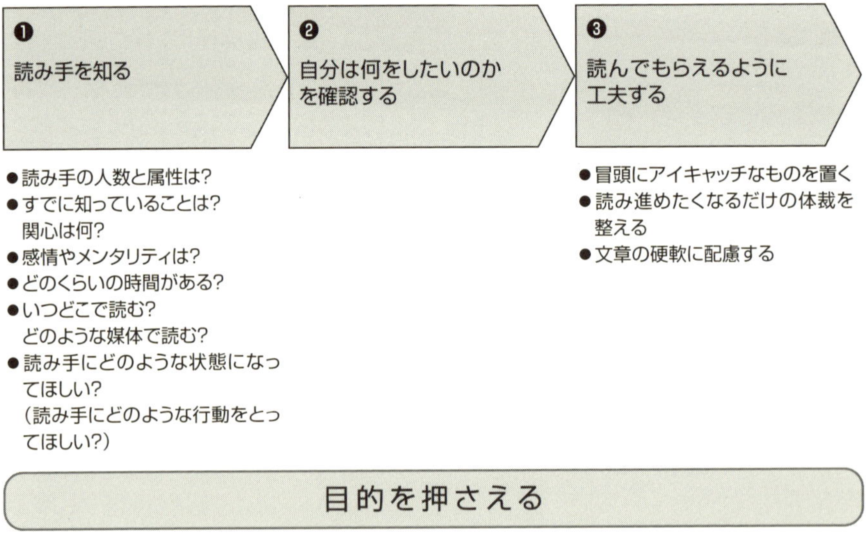

❶ 読み手を知る → ❷ 自分は何をしたいのかを確認する → ❸ 読んでもらえるように工夫する

❶
- 読み手の人数と属性は？
- すでに知っていることは？関心は何？
- 感情やメンタリティは？
- どのくらいの時間がある？
- いつどこで読む？どのような媒体で読む？
- 読み手にどのような状態になってほしい？
（読み手にどのような行動をとってほしい？）

❸
- 冒頭にアイキャッチなものを置く
- 読み進めたくなるだけの体裁を整える
- 文章の硬軟に配慮する

目的を押さえる

1● 読んでもらえるように工夫する

　文章を書くためには努力が必要だ。その努力を水の泡にせず、想定する読み手にしっかり読んでもらうためには、それなりの「仕掛け」を施しておく必要がある。ここでは、

そうした仕掛けとして、「冒頭にアイキャッチな何かを置く」「読み進めたくなるだけの体裁を整える」「文章の硬軟に配慮する」の3つを取り上げる。

●――― 冒頭にアイキャッチな何かを置く

　情報洪水の現代においては、絶対に読まなければならない業務メール等以外の文章は、多くが読み飛ばされてしまうのが現実であろう。あるいは、ケースにもあったように、読まなくてはならない文章であっても、他の案件の後回しにされたり、仮に読まれたとしてもお座なりの読まれ方しかされない可能性もある。

　そうした中でしっかり文章に目を通してもらうためには、いくつかのポイントに注意を払い、読み手の目を捉えなくてはならない。特に重要なのが、「タイトル」「目次／見出し」、そして冒頭の「リード／第1段落」の3つである（**図表1-2**）。

　タイトルやリードなどは、読者の期待値を大きく左右する要素であり、いわゆるアンカー（人々の思考の範囲を制約する「錨」）の役割を果たすことも意識したい。つまり、人はアンカリングされながら文章などを読む。内容が、タイトルなどと強く連関していたり、そこで醸成された期待値に沿っていたりすると、満足度が高まるのである。

　逆にいえば、タイトルやリード文だけを魅力的なものにしても、全体の内容が伴わないと、読み手は不満を感じかねない。内容を反映しつつ、しっかり読み手にアピールすることが大事なのだ。

図表1-2　文章を読んでもらうために重要な箇所

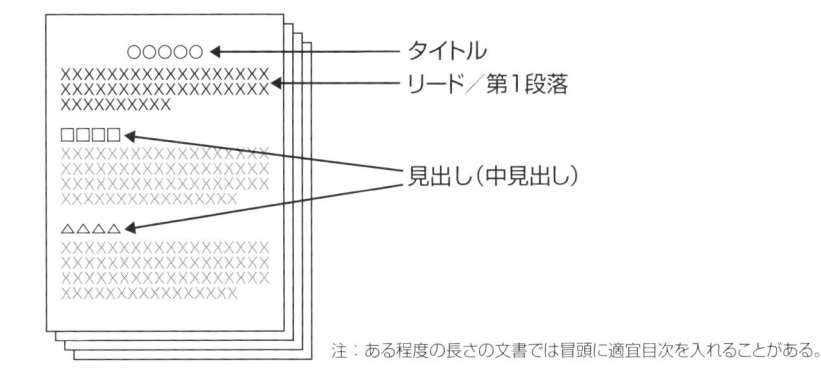

○○○○○ ← タイトル
××××××××××××××× ← リード／第1段落
□□□□ ← 見出し（中見出し）
△△△△ ← 見出し（中見出し）

注：ある程度の長さの文書では冒頭に適宜目次を入れることがある。

❶ タイトル

　おそらく、最も重要なものはタイトルだろう。実際に、メルマガなどでは、タイトルだけ見てさらに読むかそのまま捨ててしまうか判断している人は多いはずだ。

　したがって、まずは想定する読み手の関心を意識したうえで、読み手が読みたいと思うようなタイトルをつける必要がある。たとえば、勧誘メールのタイトルで、

> 「ワークショップ開催のお知らせ」

とだけ書いても、ほとんどの人は意識を向けない。ワークショップに関して告知するのであれば、いかにそのワークショップが効果的なものか、あるいは他のワークショップとは差別化されているものかをしっかり認識してもらう必要がある。たとえば、以下のように書くと、多くの人は関心を持つのではないだろうか。

> 「○○元首相がメインゲスト！　△△ワークショップ開催のお知らせ」
> 「□□はすでに古い。時代の2歩先を行く新潮流とは　△△ワークショップ開催のお知らせ」
> 「全米のエグゼクティブの××％が受講した伝説のワークショップ　△△ワークショップ開催のお知らせ」
> 「成功者に学ぶ3つの成功の秘訣　△△ワークショップ開催のお知らせ」

　なお、言うまでもないが、誇大広告的なものや、内容と連関性のないことをタイトルとしてつけるのは、信義の面からも顧客満足の面からも長期的にはマイナスであるため、避けるべきだ。

　ちなみに、上記の最後2つの例もそうなっているし、次の見出しなどにも通じる話だが、一般に、タイトルに数字を入れると人々の関心を引きやすい。数字には人を引きつけるマジックが潜んでいるのだ。

　先に、広告コピー業界の大御所シュガーマンの言葉として、「第1行目の最大の目的は、第2行目を読ませること」と書いた。必ず読んでもらえる上司からの業務メール等以外の文章のタイトルにも同じことが言える。「タイトルは、その文章を読んでもらうために存在する」。

❷ 目次／見出し

　目次や見出しは、その文章で書かれていることの内容や構成を、読み手に対して視覚

的に目に飛び込ませる働きをする。それを見て、「面白そう」と思えば、読み手は全体を読もうという気になりやすい。基本はタイトルで述べたことと同じで、その文章（の塊）で書かれていることを読んでみたいと思わせることが必要だ。ビジネスレポートなど、長い文書になるほど、その重要性は増す。

　以下のケース（アメリカにおける訴訟について日本人向けに解説するビジネスレポートを想定）であれば、後者の目次／見出しの方が、読んでみたいと思わせられるのではないだろうか。

❌
弁護士の選択の方法
1. 弁護士の仕事
2. 陪審員の役割
3. 法律の解釈
4. 依頼人との関係

⭕
弁護士の選択が会社の運命を変える
1. 法律を正確に知っている弁護士＝優秀な弁護士ではない
2. 陪審員を味方につけないと勝てない
3. 法律はうまく解釈した方が勝ち
4. 我々のために真剣に働く動機を持つ弁護士を雇え

　コツは、無機質に最小限の単語を並べるのではなく、読み手の興味を掻き立てそうな「フレーズ」にすることだ。そのためのテクニックとして、

- 意外性を打ち出す（例：一般常識の逆と思われるフレーズにする）
- イメージが湧きやすいようにする
- 具体的な理由や方法を知りたいと思わせる

などがある。

　上記の例で言えば、「法律を正確に知っている弁護士＝優秀な弁護士ではない」という見出しタイトルは、多くの人の一般常識とは逆のことだろう。読み手は意外感を持つと同時に、「では、どういう弁護士が良い弁護士なのか？」と興味を持つのではないだ

ろうか。
　「陪審員を味方につけないと勝てない」は、O. J. シンプソンの裁判を覚えていたり、映画「12人の怒れる男」を観たりしたことのある人であれば、特にイメージは湧きやすいだろう。
　第3章、第4章でも述べるが、こうした「意外性」や「イメージ」などは、単に文章を読んでもらうだけではなく、そこに書いた内容を記憶に留め、実際に行動を起こしてもらううえでも重要なポイントである。
　「法律をうまく解釈した方が勝ち」「我々のために真剣に働く動機を持つ弁護士を雇え」は、具体的な理由や方法を読んでみたいと思わせる目次といえよう。

　ケースの山岡の例であれば、たとえば、レポートの冒頭部分に以下のような目次を記すだけでも、海原の読んでみたいと思う気持ちはずいぶん変わったはずだ（もちろん、それ以外にも、体裁の問題など改善すべき箇所は多いが）。

> **離陸しつつあるソーシャルメディア・マーケティング時代における戦略**
> 1. 市場概況：ますます重要度を増すソーシャルメディア・マーケティング
> 2. キーワードは「つながり」「応援」「共感」「ワクワク」
> 3. 海外先端企業の成功例：ユニリーバ、ハーレー・ダビッドソン
> 4. ソーシャルメディアだけでは効果なし——メディアミックスによる効果向上がカギ
> 5. 我が社の強みを踏まえたうえでの提案：△△業界の攻略に向けて

❸ リード／第1段落

　文書によってリード（本論に入る前の紹介文）をつけるか、それともいきなり本論に入るかは異なるが、いずれにせよ、文章を読み進めてもらううえで、タイトルや目次／見出しと並んで重要なのがリードだ。リードが有効となる文書例としては、やや長めのビジネスレポートやメルマガ、コラム、雑誌・新聞に出稿する広告などがある。
　リードや第1段落の基本は、タイトルで述べたこととほとんど同様であり、注目を集め興味を喚起し、そこから先を読み進めさせることを主目的とする。たとえば、以下は「フリーミアム」のビジネスモデルに関して書いたレポートの冒頭部分である。インパクトがあるということに加え、思わずその後を読みたくなった、という方は多いのではないだろうか。

> **高収益を上げる「フリーミアム」のマジック**
>
> やはり「タダより高いものはなかった」──。
> 「無料」──なんという響きの良い言葉。無料ゲームや無料視聴など、あちこちに「無料」があふれている。しかし、ビジネスであるからには、どこかで誰かがコストを負担しているのは想像にかたくないし、別に驚くことではない。驚くべきポイントは別のところにある。「フリーミアム」と呼ばれるビジネス手法では、無料を謳いながら、なんと売上高利益率50％を超えている企業が何社も存在するのだ。
> いったいなぜ、このような常識外れの利益率が、「無料」からもたらされるのだろうか。そのメカニズムを解明してみよう。
>
> ●フリーミアムとは何か
> フリーミアムとは、無料を意味する「フリー」と割増料金を意味する「プレミアム」を合わせた造語で、アメリカのベンチャーキャピタリスト、フレッド・ウィルソンが最初に用いたとされる……（以下略）

⬤── 読み進めたくなるだけの体裁を整える

　これは第4章124ページで述べることとも重なるが、一見した瞬間に読みやすく感じるよう、適度に改行したり、字下げ（インデント）などを活用したり、箇条書きを用いるなどして「構造」がすぐにわかるようにしておかないと、読み手の「目が拒否反応を起こす」ということになりかねない。さすがに最近のビジネス文書などは、こうした点は配慮したものが多くなっており、望ましい傾向といえる。
　一方、マニュアルや約款などは、そうした配慮が乏しいことが多く、「見た目が黒い」「字が細かすぎる」など、ページを開けた瞬間に、まさに目が拒否反応を起こし、読む気を削いでしまうものがまだまだ少なくない。ケースの山岡のレポートも体裁はその類のようだ。
　まだしもマニュアルは、あらゆるユーザー、あらゆる場面を想定して書かなくてはならないため仕方のない側面はあるが、約款などは、本来しっかり読んでもらうべきものであるはずなのに、逆に相手の読む気を削ぐために書いているのではないかと思うこともしばしばである（現実、しっかり読まれない方が都合がいい？）。担当者にはぜひ工夫していただきたい。

　下記は、広告代理店の社員が見込み顧客に送ったメールの冒頭であるが、最初の文章

はいかにも密度が高く読みにくい。比較的短いのでまだ何とかなるが、このペースで行空きもなく1000字も続くようだと、よほど読む必然性のある人でもない限り、読み飛ばされてしまう可能性がある。

> ✗
>
> 調査の結果御社のAブランドに必要なのは純粋想起を高めることと思われます。純粋想起とは、製品カテゴリー等の手がかりが与えられた時、特定のブランドを想起できることであり、たとえば、「緑茶といえばどのブランドを想起するか」といったように、緑茶というカテゴリーが与えられただけで、特定のブランド名を再生できる状態を指します。ブランド再生、非助成想起ともいい、回答者のうち、純粋想起した比率を純粋想起率、非助成想起率、再生知名率といいます。他方、あるブランド名を手がかりとして与えられた時、そのブランドへの認知を確認できることを助成想起といいます、これは「○○というブランドを知っているか」というように、提示されたブランドについて、それが既知であると確認できる状態です。ブランド再認とも呼び、回答者のうち、助成想起した比率を助成想起率、あるいは認知率、再認知名率と呼びます。一般に、助成想起よりも純粋想起の方が記憶の程度が強く、純粋想起の方が、購買の際により選択されやすいとされますが、御社Aブランドでは、助成想起率よりも純粋想起率を高める方が重要ということです。
>
> （477文字）

　通常、専門用語など難度の高い用語が多いほど読者の目は拒否反応を起こしがちなので、極力、必要性の低いところは易しい言葉に置き換えるとともに、体裁は目に優しくなるような工夫を考えたいものである。また、文章の目的上、必要度合いの小さい箇所は思い切ってカットする方が、かえって読み手には親切である。

> ○
>
> 調査の結果、御社のAブランドに必要なのは純粋想起率を高めることと思われます。純粋想起とは、製品カテゴリーなどの手がかりが与えられた時、特定のブランドを思い起こせることをいいます。回答者のうち、純粋想起した比率が純粋想起率です。
>
> これに対して、あるブランド名を手がかりとして与えられた時、そのブランドを確かに知っている場合、助成想起といいます。回答者のうち、助成想起した比率を助成想起率と呼びます。

> 一般に、助成想起よりも純粋想起の方が記憶されている程度が強く、また、純粋想起の方が、購買の際により強く効きやすいとされています。御社Aブランドでは、助成想起率はすでに十分なレベルにあり、純粋想起率を高めることが重要と考えられます。
> （312字）

　なお、マーケティングに詳しくない読み手の場合には、適宜事例を入れるなどの配慮をするとよい。

◎
> 調査の結果、御社のAブランドに必要なのは純粋想起率を高めることと思われます。純粋想起とは、製品カテゴリーなどの手がかりが与えられた時、特定のブランドを思い起こせることをいいます。
>
> たとえば、「緑茶といえば、どのブランドを思い浮かべるか」といった質問に対して、『お〜いお茶』あるいは『サントリー伊右衛門』など、特定のブランド名を言える／書ける状態です。回答者のうち、純粋想起した比率を純粋想起率といいます。
>
> これに対して、あるブランド名を手がかりとして与えられた時、そのブランドを確かに知っている場合、助成想起といいます。たとえば「『お〜いお茶』というブランドを知っているか」という質問に対して、知っていると明確に答えられる状態です。回答者のうち、助成想起した比率を助成想起率と呼びます。
>
> 一般に、助成想起よりも純粋想起の方が記憶されている程度が強く、また、純粋想起の方が、購買の際により強く効きやすいとされています。御社Aブランドでは、助成想起率はすでに十分なレベルにあり、純粋想起率を高めることが重要と考えられます。
> （456字）

　後者の改訂例は、最初の文章とほぼ文字数は同じであるが、読みやすさ、内容のわかりやすさという点でははるかに勝っている。同程度の文字数を費やすのであれば、付加価値の低い箇所を思い切って削り、わかりやすくする工夫にその文字数を使う方がよい。

　もう1つ例を見てみよう。あるホテルの、プライバシーポリシーについて書かれた文書であるが、前者の方は見た瞬間に読む気が失せるだろう。この文章も、700字強の

比較的短い文章であるが、現実のプライベートポリシーの文章は、下手をすると数千字に及ぶことがある。読みやすく書くか、無頓着に書くかの差は極めて大きい。

> ✗
> 　当宿は、個人情報保護の重要性を認識し、法令遵守し、最善の注意を払ってお客様の個人情報を保護することが社会的責務であると考え、お客様に安心し、また安全にご滞在頂けるよう、プライバシーポリシーを定め、それに従い、厳重に取り扱う所存で御座います。当宿がお客様から頂く個人情報には、お客様のお名前、お勤め先、ご連絡先（お電話、メールアドレス等。電子メールでのご予約の場合はご住所）が含まれます。
> 　当宿は、お客様から個人情報をご提供頂く場合には、当宿のウェブサイト、お電話、電子メール等でのお問合せにより個人情報を頂く場合、名刺交換により個人情報を頂く場合を除き、その個人情報を利用する目的（以下「利用目的」と言う）を予め明示致します。当宿は、お客様からご提供頂いた個人情報を、お電話・電子メールでのご予約、チェックイン時のお客様登録、メール配信、イベント、キャンペーンの告知、お客様とのご連絡に限って使用致します。お客様へのサービス提供向上等の目的で、それ以外の情報に関して質問させて頂く場合は、予めその目的を明確に致します。
> 　お客様からご提供頂きました個人情報は、お客様の同意がある場合、法令等により、関係機関より開示を要求された場合を除き、いかなる第三者にも開示致しません。ただし、当宿は、お客様の個人情報を、業務委託先等に対して業務上必要な範囲に於いて開示する場合があります。
> 　お客様の個人情報の管理につきまして、当宿では、管理責任者を定め、適切な管理を行います。個人情報の外部への流出防止に最大限努めます。お客様の個人情報の取得、範囲、利用目的等に変更が発生した場合は、ウェブサイト上で掲示を行い、最新の情報をお知らせ致します。

> ○
> 　当ホテルは、個人情報保護の重要性を認識し、法令を遵守し、最善の注意を払ってお客様の個人情報を保護することが社会的責務であると考えております。この考えに基づき、お客様に安心し、また安全にご滞在いただけるよう、当ホテルでは下記のようにプライバシーポリシーを定め、それに従い、厳重に取り扱ってまいります。
>
> 1．個人情報の取得
> 　当ホテルは、お客様から個人情報をご提供いただく場合には、その個人情報を利用す

る目的（以下「利用目的」といいます）をあらかじめ明示いたします。ただし、次の場合には、利用目的の提示を省略させていただくことがございますのでご理解ください。

・当ホテルのウェブサイト、お電話、電子メール等でのお問合せにより個人情報をいただく場合
・名刺交換により個人情報をいただく場合

2．個人情報の範囲
　当ホテルがお客様からいただく個人情報としては、お客様のお名前、お勤め先、ご連絡先（お電話、メールアドレス等。電子メールでのご予約の場合は、ご住所）などがあります。

3．個人情報の利用目的
　当ホテルは、お客様からご提供いただいた個人情報を、次の目的の範囲内で利用させていただきます。それ以外の目的に利用することはありません。

・お電話・電子メールでのご予約、チェックイン時のお客様登録
・メール配信、イベント、キャンペーンのお知らせなど
・お客様とのご連絡

　なお、お客様へのサービス提供の向上等の目的で、それ以外の情報に関してアンケートなどの手法で質問させていただく場合がございます。その場合は、あらかじめその目的を明確にしたうえで、いただいた情報は厳重に保護いたします。

4．個人情報の第三者への開示
　お客様からご提供いただきました個人情報は、以下のいずれかに該当する場合を除き、第三者には開示いたしません。

・お客様の同意がある場合
・法令等により、関係機関から開示を求められた場合。関係機関としては、警察や保健所などが該当します。

5．個人データの共同利用

> 　当ホテルは、お客様の個人情報を、業務委託先等に対して必要な範囲において開示する場合があります。
> 　たとえば、ケータリングを委託した会社にお客様のお名前をお知らせすることや、お客様のお忘れ物、お届け物等の配送サービスを委託した会社に、お客様のお名前や宛先を知らせることがこれにあたります。
>
> 6．個人情報の安全管理について
> 　お客様の個人情報の管理につきまして、当ホテルでは、管理責任者を定め、適切な管理を行います。個人情報が外部へ流出しないよう最大限努めます。
>
> 7．本ポリシーの変更の際のご案内
> 　お客様の個人情報の取得、範囲、利用目的等に変更が発生した場合は、ウェブサイト上で掲示を行い、最新の情報をお知らせいたします。

　現実問題として、この手の文書は、アリバイ的に書かれることが多く、読み飛ばされることがほとんどなのだが、それにも程度というものがある。中にはしっかり読み込む人がいることを踏まえ、最低限の読みやすさは意識すべきだ。

　そのようなちょっとした意識が、個人や組織の「伝える力」、そしてそのベースにある「適切に伝えようとするマインド」に影響してくるからである。そうした意識の強い個人や組織と、そうでない個人や組織の差は、今後、ますます開いていくことが予想されよう。

● 文章の硬軟に配慮する

　第4章で述べる文章のトーンともやや関係する話であるが、文章があまり硬くなりすぎないように配慮したい。専門用語（通常、漢字やカタカナ）が多い文章の場合、やりすぎにならない範囲で平仮名を適宜交ぜるとともに、可能な範囲で漢語ではなく、やまと言葉（和語）を用いるとよいだろう（例：「促進する」→「促す」、「行使する」→「用いる」、「牽強付会だ」→「無理やり理屈をつけている」など）。

　標準的な読み手にとってわかりにくいと思われる専門用語は、初出の際に説明してしまうのが、一般的かつ効果的である。

　ところで、日本語は、造語がつくりやすい言葉といえる。特に漢字は、それを並べるだけである程度の新しい言葉、フレーズが簡単にできてしまう。たとえば、「行動意思決定論評価会議開催日程」「新規顧客開拓促進連絡部会関東支部千葉小委員会」「広域通

信制生涯学習講座開講通知作成依頼」などだ。

いずれも漢字を追えば意味はわかるが（それが表意文字である漢字の良さでもあるわけだが）、いかにも読みにくいし、硬い印象を与える。最後の例であれば、これがメールのタイトルだと仮定すれば、

> 広域通信制生涯学習講座開講通知作成依頼

と書くよりも、平仮名を適宜交ぜるなどして

> 広域通信制生涯学習講座の開講をお知らせする文章を作っておいてください

と書く方が、はるかにわかりやすい。

往々にして、多くのビジネスパーソンは、もともと簡単に書けることを硬い漢字、漢語で書きがちだ。たとえば、「選ばなくてはなりません」と書けばすむところでも、わざわざ「選択の必要性大です」「選択の意思決定が要求されています」などと書いてしまう。「○○性」「△△化」「□□的」などは、造語としてすぐにつくれてしまうだけに注意したいところである。

2● 読み手を知る

先に、文章を読んでもらうための具体的な工夫の例から説明したが、効果的な工夫をするためにも、まず第一歩としてしなくてはならないのは、目的を踏まえたうえで、読み手を理解することである。

一般に、ある程度まとまった量の文書を、強引に相手に読ませることは難しい。多くのメルマガや、あるいは社内メールであっても直接自分に向けられたものではなくメーリングリスト（ML）に流れているようなメールは、往々にして読み飛ばされるものだ。

こうしたことを避け、極力多くの人にしっかり文章を読んでもらうためにも、まず、読み手がどのような人なのかをしっかり知り、同時に、彼らにどのような状態になってほしいかを適切に認識する必要がある。

もちろん、100％の人に読んでもらうことはできないだろうが、こうした点を理解するだけでも、文章を読んでもらえる人の比率を高めることは可能である。そのために、まず、**図表1-3**に示した点について簡単に議論を進めよう。

図表1-3　読み手を理解する

人数と属性は？	すでに知っていることは？ 関心は何？
感情やメンタリティは？	どのくらいの時間がある？
いつどこで読む？ どのような媒体で読む？	読み手にどのような状態になってほしい？

● ── 読み手の人数と属性は？

　何人くらいの人間が読むかというのは、意外と重要な要素だ。人物を特定でき、なおかつ数人程度であれば、彼らの関心や置かれた状況を推測するのも比較的容易なので、後述するようなポイントを見極めたうえで、それに合わせて文章を書けばよい。

　難しいのは、ホームページでの告知や、ホームページからダウンロードできるレポートなど、数千人以上の人間が想定読者となる場合である。そうしたケースでは、個々の人間の関心やスキルを完全に把握することは不可能である。では、こうしたケースでは、どのように読者を捉え、文章を書けばよいのだろうか？　答えから言えば、読み手と想定する読者の最大公約数的なイメージ（年齢、性別、関心など）を想定し、彼らにしっかり伝わり、印象を残すような文章を書くことが、実務的には有効なことが多い。

　「それでは、その想定読者イメージから外れた人間には関心のない文章となってしまわないか？」という懸念も出てくるだろう。もっともな質問であり、事実、ターゲットとならなかった読み手には無視されることも当然起こる。しかしそれでも、想定読者がぼんやりとしたフォーカスの絞れていない文章を書くよりは、明確に読者イメージを持って、彼らの関心を引きたい、共感してほしい、という文章を書く方が、内容の濃い文章となり、想定読者層はもちろん、想定読者以外の読み手にも一定のインパクトを与えることが多い。

　たとえば、「転職」に関するレポートだとしたら、30代前後でキャリアに関心のあるビジネスパーソンを頭の中に思い浮かべ文章を書く。しっかりと文章が練り込まれれば、その文章は、転職などあまり考えていなかった人にもある程度の共感をもたらすも

のになりやすいのだ。

◉ すでに知っていることは？　関心は何？

　人は往々にして、自分が興味のあることや、自分の書きたいことを長々と書いてしまうものだ。たとえば、レポートの執筆者が、リサーチからの示唆ではなく、自分が苦労した情報収集や定量分析そのものについて長々と書いてしまうというようなことである。
　個人がプライベートで書くビジネスとは無関係のブログであれば、それでもかまわない。しかし、ビジネスは、「人に行動を起こしてもらって初めて価値がある」という世界である。読み手がどのような関心や知識を持っているのか、100％正確にとは言わないまでも、業務上必要な程度には把握しておくことが望ましい。
　たとえば、既存顧客にサービス向上のためのヒアリング協力の依頼状を出すのであれば、社内データベースで大まかな顧客層（年齢、性別、所属企業、所属部署など）は把握できているはずであるから、それを前提に文章を書く。場合によっては、そうした属性を基に、最初から文章を送る相手をスクリーニングし、文面を微妙に変える必要もあるだろう。
　もちろん、先述したように、多数の読者のいるホームページ上の文章やメルマガなどは、読み手が増えれば増えるほど、その関心や知識を正確に理解することは難しくなる。しかしそれでも、「行動を起こしてほしいターゲット読者」を明確にイメージし、彼らの知識や関心を理解しておくことは不可欠である。たとえば、ウェブ上で自社ソフトウエアの商品説明をするのであれば、読み手である想定ユーザーがどのような関心や知識を持っているか、仮説を持ち、その仮説に合わせて文章を書くことが望ましい。

● 仮説を検証する

　では、その仮説をどのように検証すればいいのだろうか。これにはさまざまな方法がある。アンケートをとるのも1つの方法だし、もし身近に親しい、すなわち直接話を聞きやすく、仮説検証に役立てやすい想定読者層が一定数いるのであれば、彼ら／彼女らに直接コミュニケーションして事前確認することも可能である。
　自社ホームページの新卒採用向けのページであれば、今年入社した新入社員や、自分の知人の大学生にヒアリングするなどして、「どのような情報が欲しいか」「どのくらいの時間をかけて読むか」「他社のサイトで良いと思ったのはどの社のものか」といった基本情報を集めておくといいだろう。
　仮説もなく、自分の想像だけで事を進めるのは時として危険なので、ぜひ、ある程度の仮説検証のプロセスは入れたいものである。

● 読み手の知識・認識のレベルに合わせる

　読み手のすべてが同程度の背景や知識を共有しており、全員に確実に行動をとってもらいたいなら、タイトルも含めて、行動をしっかり促すような文章を書かなくてはならない。たとえば、メーリングリストに流す文章であれば、タイトルの冒頭に【重要：要アクション】などとつけたうえで、冒頭から、とってほしいアクションを強く意識させるように書く（メーラーにもよるが、当該メールを「重要」に設定すると、さらに注目を集めやすい）。共有している背景や経緯を改めてリマインドするのもよい。具体的には以下のような文章だ。

> タイトル：【重要：□□先生講演会のアンケート記入】
>
> お疲れさまです。○○です。
> 9/7（水）に□□先生の講演会に出席された方全員に改めてお願いです。
>
> ◆◆9/15（木）までにアンケートをご記入ください◆◆
>
> 当日も申し上げましたとおり、今回のアンケートは□□先生も目を通されて改善のヒントとされます。□□先生からは、ぜひ参加いただいた方すべての声を聞きたいというお話を受けていますので、100％の回収を目指しています。現在、50％程度の回収率となっていますので、未提出の方は下記のアンケート回答サイトからご記入いただくようお願いします。
>
> XXXXXXXXX（サイトアドレス）
>
> 3分程度で終わる簡単なアンケートですので、よろしくお願いします。

　一方、読み手が不特定多数でその関心・知識を完全に把握できない時は、目的次第ではあるが、32～33ページで述べたような工夫が必要となる。直ちにアクションをとってもらう必要がなく、執筆者の知見などをじっくり紹介したいようなコラムなどであれば、比較的自分の書きたい内容を書くことで問題はない。

　たとえば、筆者は自社のオンラインマガジンに定期的・不定期的にコラムを執筆しているが、そこでは、「経営大学院に興味があり、そのうち8割程度はコラムの内容がしっかり理解でき、そのうち一定比率が実際に入学／受講してみたくなる」という層を想

定して文章を書いている。そして、実際のページビューや、読者の反応を見ながら、より彼らの関心を引きそうなテーマを検討したり、文章のスタイルの修正を行ったりしている。

◉——— 感情やメンタリティは？

　人間は感情の動物であり、感情を損ねている状態では、どれだけわかりやすい内容を伝えたとしても、理解まではしてもらえるかもしれないが、共感、行動といった目的は果たせないことが多い。

　たとえば、企業が事件や不祥事を起こしてしまい（特に亡くなった方がいるようなケースにおいて）、ステークホルダーがその企業に対して不快感や疑念を持っている状況で、平常と同じトーンでコミュニケーションをしていては、その企業のブランドイメージも損ないかねない。ホームページが平時と変わりなく、愉快なイメージのままで、事件についてはトップページに一言も触れられていないような状況である。

　このようなケースであれば、まずは感情的な障壁をクリアすべく、トップページでお詫びの意思をしっかり示すとともに、当面自分たちがとるべき行動、そして、相手にとってほしい行動をしっかり、丁寧に書くことが必要である。家電の故障であれば、火事を誘発する可能性があるので絶対にそれを使用しないように大きな文字で書くなどだ。

　さらにいえば、こうしたケースでは、文章だけでコミュニケーションするのではなく、マスコミなどを通じて、トップ自らが前面に出て、危機に合わせた丁寧な対人コミュニケーションをすることが望ましいのは言うまでもない。

　人によっては、触れてはいけない逆鱗がある場合も多い。重要な商談メールなどでは、そうした逆鱗も極力避けるべく、事前に情報収集することが望ましい。たとえば、その人を知る社内の関係者から情報を収集するなどである。

　外務省の元官僚で作家の佐藤優氏によれば、ロシアの故エリツィン大統領は、ゴルバチョフ氏（元ソビエト連邦書記長）の名前を聞いたり見たりすると、極端に機嫌が悪くなり、どんな話であっても聞く耳を持たなくなったという。これは極端な例かもしれないが、文章の目的が最終的には人を動かすものである場合には、共感というプロセスが必須である。そうした逆鱗は避けるべく、必要な努力はしておきたい。

◉——— どのくらいの時間がある？

　文章を読むという作業に、誰もがいつでもゆっくり時間をとれるわけではない。一般に、会社での職位が上がるほど、決裁事項などが増え、多忙になって、書類を隅々まで

見る時間はとれなくなる。冒頭ケースの山岡の文書は、この点への配慮を欠いていた。

相手が社長もしくはそれに近い立場であるなら、最初に1ページのエグゼクティブサマリーをつけ、そこに文書全体のまとめ、特にとってほしいアクション（例：投資や費用の認可、事業プランの承認など）をしっかり書くことがなかば常識化している。そのうえで、実際に読んでほしい文書をコンパクトかつわかりやすく書くことが望ましい。

難しいのは社外の人に宛てて書くメール文などだ。社内であれば、たとえ部署が違っていても、ある程度は忙しさの予測もつきやすいのだが、社外の読み手はなかなかそれがわかりにくい。手っ取り早いのは、電話などで直接忙しさの度合いを確認したうえでメールなどの文章を送ることだ。案件が重要なものになるほど、そうしたひと手間を惜しまないことが賢明である。

本書はビジネス・ライティングの書籍ではあるが、ライティングだけにこだわりすぎると、肝心の結果がついてこない。常に最終的な目的は何だったのかを再確認したいものである。

●── いつどこで読む？　どのような媒体で読む？

最近は、読み手がいつどこで、どのような媒体やデバイスで読むかということにも配慮しなくてはならない。

紙のプリントやコピーを直接渡すのであれば、基本的に読み方が劇的に変わるわけではない。注意が必要なのは電子媒体で読むことを前提としたケースだ。特に昨今はスマートフォンやタブレット型のPCなど、画面が小さなデバイスで文書が読まれるケースも多い。どこまで時間をかけてチェックすべきかは状況にもよるが、あまりに細かい図表を添付して文字が小さくなりすぎたり、重くなってしまわないよう配慮したいものである。

●── 読み手にどのような状態になってほしい？（どのような行動をとってほしい？）

これは、文章を書く目的そのものともいえる。世の中には、「退職願」のように、形式要件（外形的な要件）さえある程度満たしていればそれでOKという文書もあるが、一般に、多くの文書は、それを読んでもらうことで、読み手に「読む前の状態」から「（読んだ後の）新たな状態」に変容してもらうことを意図している。

たとえば本書も文章の一種であるが、その目的は、本書を読むことで、より適切なビジネス文書が書けるようにスキルアップしていただくこと、もう少し噛み砕くと、まずは良い文章を書こうとする意識を高め、何かの折に本書を参考図書として用いてもらうことである。

文章の目的はさまざまなブレークダウンが可能であるが、ここでは、ビジネスで最重要な「行動を起こしてもらう」ということをベースに、**図表1-4**のようなプロセスにブレークダウンしてみよう。

図表1-4　行動喚起までの流れ

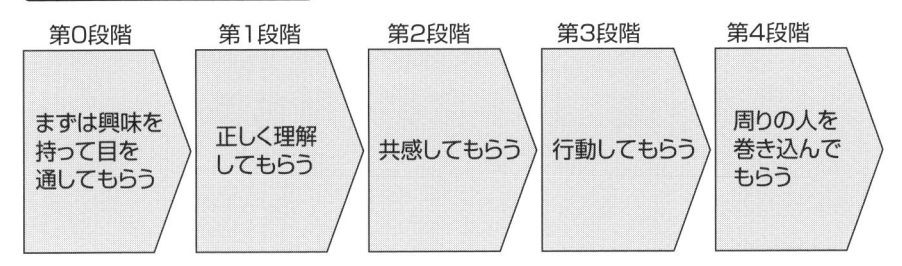

第0段階	第1段階	第2段階	第3段階	第4段階
まずは興味を持って目を通してもらう	正しく理解してもらう	共感してもらう	行動してもらう	周りの人を巻き込んでもらう

　このプロセスからも、読み手の関心・知識や現在のメンタリティが大きな意味を持つことがわかる。すでに内容について十分な知識を持っており、共感度もある程度高いのであれば、具体的に行動に移してもらうような文章が有効となる。逆に、今の段階で何も知らないのであれば、通常は一足飛びに行動に移してもらうのは難しいため、背景の細かな説明から始めなくてはならないかもしれない。
　状況に合わせた文書の例を実際に見てみよう。

●状況を知らない人が多い場合

> 件名：【要準備】勉強会の開催と第1回勉強会の準備について
>
> お疲れ様です。○○です。
>
> 前回の△△ミーティング時に、特に若手メンバーから、「月に1度は読書会や勉強会の場が欲しい」といった声が多く出されました。
> それを受けて、運営委員会では、2カ月に1度、書籍を指定して、その勉強会を開き、参加者の意識合わせや知識の向上を図ることとしました。
>
> 早速ですが、次回のミーティングがその第1回勉強会となります。課題図書は『△△ビジネスの新潮流』（○○○著、ダイヤモンド社）です。

http://www.amazon.co.jp/**/#########

初学者向けでありながら、最新の△△ビジネスの世界的な潮流についても触れられた好著です。

つきましては、皆さん、上記書籍を購読のうえ、しっかり読み込み、以下の点について文書にまとめ、共有フォルダ「……」に誰のファイルかがすぐにわかるように名前をつけ、保存しておいてください。分量は、全体でＡ４用紙２、３枚程度です。

1）全体的な感想や印象に残ったポイント
2）弊社が参考にできる点、その方法など
3）疑問点や納得できない点など

多少の負荷はかかりますが、ここでしっかり準備することは、皆さんのスキルアップに大いに役立ちます。勉強会を実りのあるものにするためにも、各自よろしく準備お願いいたします。

疑問点などがあれば、小職までお問い合わせください。

● 読み手のほとんどが、すでにある程度の情報を共有し納得している場合

件名：次回勉強会について

お疲れ様です。○○です。

前回のミーティングにおいて、これから隔月で勉強会を開くことに決定しました。早速ですが、次回の課題図書は『△△ビジネスの新潮流』（○○○著、ダイヤモンド社）です。
http://www.amazon.co.jp/**/#########

各自、ご準備よろしくお願いいたします。

Column：広告コピーに学ぶ

　本文中では、何も知らない読み手に、一足飛びに行動に結びつけるのは難しいと書いたが、広告コピーの中には、それを効果的に実現しているものもある。

　優れた広告コピーから学ぶ点も多いので、ここでは、そうした中から1つ事例を紹介しよう。ある書籍を売るために書かれた広告コピーである。効果的な広告コピーを集めた『伝説のコピーライティング実践バイブル』（ロバート・コリアー著、ダイヤモンド社、2011年）から選んだものだ。

「右が追い込まれた、左もだ、したがって中央の残り部隊だけでいまから攻撃する」（フォッシュの言葉）

これが、マルヌ川の戦いのあの決定的瞬間にフォッシュ元帥がジョフルに送った簡潔な報告です。3日間連続の戦闘で兵士たちは疲れきっていると聞いたフォッシュが怒鳴ります。「疲れただと？　それはドイツ軍も同じだ。攻撃！」そして実際に勇ましく攻撃したのです。フォッシュは疲労困憊状態の全師団、全予備兵を1つにまとめ、こちらが敗走したと敵が思い込んだまさにその瞬間、必死の猛攻であのプロイセン軍と激突、敵陣を突破して相手を壊滅させ、パリを救ったのです！

このすぐれたリーダーについてどのくらいご存じでしょうか

フォッシュが歴史に残る偉大な戦術家だといたるところで言われていることをご存じでしたか？　カレーとダンケルクの2つの港町を救ったこと、それによってイギリスから人も物資もたえまなく輸送できるようになったことは？　オーストリア・ドイツ軍の猛攻が一番激しい最中にイタリア防衛を引き受け、ベニスを救ったばかりか、敗北がほぼ確実だったところを輝かしい勝利に転じたことは？

あの大戦のすべてがわかります

こうした功績の詳細のほか、もちろんあの大戦のすべてがわかります。この英雄のふるまいを読んで……（略）

> この広告コピーの優れた点は、「フォッシュ」や「マルヌ川の戦い」などを知らない読み手にも瞬時にイメージを喚起させ、「面白そう、読んでみたい！」と思わせる活気あふれる描写力である。

3 ● 自分は何をしたいのかを確認する

「コミュニケーションの効果は受け手が決める」とはよく言われることである。どのようなコミュニケーションであれ、まずは相手を起点に考えよ、という戒めである。

したがって、文章を書く際にも読み手のことを意識するのは当然のことである。しかし、しばしばそこにばかり意識が向き、そもそも自分が何をしたかったのか、あるいはしたいと強烈に感じているか、ということを伝える意欲が疎かになる場合がある。

たとえば、上司に何かしら新しい施策について許可を得る場合、読み手の事情を慮ったはいいが、単に事務的に淡々と書いても、なかなか相手には伝わらないものだ。「今こそやるべき時」、あるいは「自分だったら絶対に成功させる自信がある」といった要素が入っていると、読み手の印象はかなり変わってくる。相手を意識しながらも自分の強い思いを表出させる必要があるのだ（この点については第3章87ページでも改めて解説する）。

心理学あるいはネゴシエーションの言葉にアスピレーション・ポイントというものがある。「強く求める目標」といった意味合いだが、このアスピレーション・ポイントを高く持ち、それを適切な文章トーン（過剰になりすぎないくらいのトーン）で伝えると、読み手への響き方が変わってくる。特に、文章の冒頭でそれを感じるかどうかは、その文章全体が読み進められるかの重要ポイントとなるのだ。

以下の例は、上司に対して、ある新規クライアントをどう獲得するのか、その施策案を示したメールの冒頭の文例である。

> ❌
>
> 懸案のA社攻略ですが、以下のように考えます。
>
> まずは口座を開かないことには仕方ありません。したがって、小さなことから始めて、より大きなサイクルへと回していきたいと思います。
>
> そのために、社内の関係者を巻き込み、1年以内には、どんな小さな案件でもいいの

でA社から受注し、そこから関係を構築していきたいと考えています。先方に信頼を得ることを目標に頑張ります。

（以下略）

　おかしなことを言っているわけではないが、いかにも平板だ。上司が忙しかったりしたら、あまり真剣に考えてくれない可能性もありうる。下記と比較してみよう。

◎

　懸案のA社攻略ですが、以下のステップでの攻略を考えています。目標をしっかり高く掲げ、粘り強く取り組んでいく所存です。

◆第１四半期
　まずは、先方のキーパーソンとの信頼関係を何とかつくりたいと考えています。幸い、先方はB部長が重要な人物であるとの特定はできています。いきなりB部長と話をするのは難しいとは思いますが、彼の部門の人と最低３回はコンタクトをとりたいと考えます。社内、特にテクニカルエンジニア部門の力も借りて、そうしたルートを早期開拓したいと思います。

◆第２四半期
　この四半期中には、B部長に対してプレゼンテーションをしたいと考えます。そのためにも、引き続き、彼の部下と継続的にコンタクトをとり、リレーションを強化したいと思います。また、その中で、A社の抱える悩みや問題点を特定したいと思います。

◆第３四半期
　A社では、予算の関係上、この第３四半期に提案書を提出させ、次の第４四半期に発注先決定、という流れがあります。まずはRFP（Request for Proposal）をいただけるよう、先方から得た情報に基づき、さまざまな提案ができる状態にしたいと思います。最初から数千万円単位の受注は無理としても、最低でも何とか４、５百万円程度の提案にはこぎつけたいと思います。

◆第４四半期
　ライバルは多いですが、受注目指して積極的に働きかけたいと思います。仮に今年の

> 受注に至らなかった場合でも、来年に活かせるよう、何が悪かったのかの理由を聞けるくらいにはB部長との関係を構築したいと思います。
>
> 　私もこの業務について３年、ようやく勝ちパターンが見えてきたように思います。勝算は十分にあると感じており、受注の自信もありますが、１人で事をなすことはできませんので、ぜひご指導お願いいたします。
>
> （以下略）

　明らかに後者の方が、単に丁寧に書いたという以上の熱意が伝わってくる。具体性もあるため、上司からの支援も受けやすいだろう。具体性があるのは、真剣に考えていることの裏返しであることが多いものだ。
　ポイントは、いたずらに長々と詳細を書くことではない。書く内容はコンパクトにまとめながらも、自分の強い思いをしっかり伝えることが必要なのだ。

第2章
説得力をもって主張する

POINT

　ビジネス文書の多くは、明確な主張が必要とされる。主張を明確にし、かつその根拠をしっかりと提示するツールにピラミッド・ストラクチャーがある。

CASE

　中野恵子は、中堅の消費財メーカーに勤めている。もともと営業部門に配属されていたが、この春から本人の希望もあって事業企画部に配置転換となった。

　張り切る中野であったが、懸念もあった。それまで中野は「考える前に体を動かして足で稼ぐ」タイプで通しており、じっくり物事を考えるということがあまりなかった。それでも、持ち前の行動力と人当たりの良さで、何とか結果を残してきたのである。

　また、昔から文章作成が苦手であった。これは、中学生から高校生の頃に数年間、親の仕事の関係で新興国に住んでいたせいもある。短いメールなどはそれほど問題ないのだが、レポートなどの長い文章となると、日本語が苦手ということもあって、かなり難儀するのが常であった。

　とはいえ、企画部ということになれば、物事をしっかり考えたり、わかりやすい文書を作成することは避けて通れない。そうした中野に、上司である斉藤が最初に与えた仕事は、近年、新商品があまり出ていないことに関する簡単なプレ調査であった。斉藤なりに仮説はあるのだが、中野にもう少し現場の状況をヒアリングさせ、それをベースに問題解決の方向性を見定めようという意図のものである。

　中野は、斉藤からの「自分なりの仮説をもってヒアリングにあたるように」という指導に従いながら、現場に行ってさまざまなヒアリングを行った。時には競合企業に勤めている友人と食事をしながら、それとなく情報収集することもあった。

　それなりの情報は集まってきたが、レポートをまとめる段になって、中野ははたと困った。

　「データはそれなりにあるけど、何をどう書いてまとめればいいのかわからない。どうしようかしら。とりあえず、これは構造的な問題だということはわかったから、まずはメールで斉藤さんにそれを伝えよう。あと、わかった事実も一緒に伝えよう。斉藤さんのことだから、私がどんなことを言いたいかは何となく察してくれるはず……」

　そして中野が書いたメールが以下である。

件名：例の件

ご指示いただいた例の件についてスタディしました。

以下のような事実からもうかがい知れるとおり、我が社の近年の新商品の不発は構造的な問題です。以下、調査結果を列挙します。

・当社の「顧客相談窓口」には、マーケティングのわかる優秀な人材が配置されていません
・我が社が近年新発売した新商品の実に半分は消費者からの声、不満がきっかけとなっています
・顧客の生の声は主にアンケートハガキで吸い上げている状況です
・それ以外の顧客情報は、主にチャネルへのヒアリングによっています
・当社の「顧客相談窓口」では、クレームは大きなもの以外はその場で処理され、他部門に報告されていません
・顧客の要望や購買パターンはかつてないほど多様化しています
・競合X社は「お客様相談センター」を抜本的に組織改正し、経営資源の重点配分を始めました
・競合Y社は大々的にウェブ上で顧客の声を載せる掲示板を開始しました
・顧客クレーム対応のまずさが原因で評判を下げた企業が目立っています
・顧客ニーズの変化の速さはかつてないほどです
・市場で不発に終わった我が社製品の大半は研究所の独りよがりの思い入れ製品です

P.S.
次にこれをレポートにまとめる必要があると思いますが、どうまとめていいかよくわかりません。ご指導お願いします。

　このメールを見て斉藤は思った。「やれやれ、目のつけどころは悪くないし、フットワークが良いのは認めるけど、いろいろ鍛えないとまずいな。まずは発見したファクトを基に、説得力のある主張を展開する方法を教える必要がありそうだ」

解説

「文章が書けない」と悩む人の多くは、そもそも何を書いていいかわからないと悩むものだ。しかし実は、多くのビジネス文書の場合、書かなくてはならないポイントは決まっている。それは自分としての主張である。たとえば何かの案件（事業撤退など）に関して賛成なのか反対なのか、あるいは相手にどのような行動を期待するのかという明確な主張だ。そしてその主張を正しく伝え、共感を促し、行動を誘発するということが目的となる。

難しいのは、明確に意見や主張を述べるだけではなく、同時にその根拠を示さなくてはならないという点である。たとえば、顧客に対してクレームの対応をする、上司に意思決定を促したり決裁を仰いだりするケースなどは、自分の主張が明確なだけでは不十分で、なおかつその根拠がしっかりしていないと、相手に理解してもらったり、納得して望ましい行動をとってもらうことができない。先述したとおり、人間は「説明を求める動物」なのだ。

逆に言えば、「こういうことです。なぜなら……」の骨格がしっかりしていれば、ある程度説得力のある文章を「誰もが」書けるということである。そのためのツールが後述するピラミッド・ストラクチャーであり、コンサルティング会社などでは、ライティングはもちろん、その前段のものを考える方法としても広く定着している。

本章では、ピラミッド・ストラクチャーをベースに、第1章でも説明した「目的を押さえている」ができているという前提のもとで、主張を明確に伝えるコツについて解説していく。

ポイントは、以下の4点である。

❶結局何を伝えたいのかを明確にする
❷主張を支えるロジック（論理展開）がしっかりしている
❸ファクトに基づいた主張をする
❹具体的イメージが湧く

このうち、❶は結局、文章全体としてWhat（何が言いたいのか）が明確ということである。❷と❸は、そのWhatに対する理由（Why：なぜ）がしっかりしていることを意味する。

そして、最後の❹は、指示事項ややり方（How：どのように）が明確で、読み手に確

図表2-1　コンプリートメッセージ

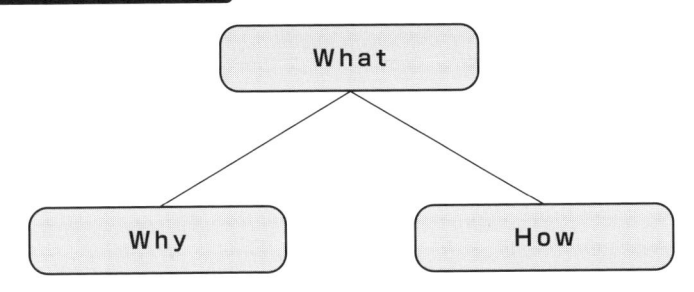

```
        What
       /    \
     Why     How
```

実に伝わることを意味している。コンサルティング業界などでは、この「What」「Why」「How」が揃ったメッセージをコンプリートメッセージと呼ぶこともある（図表2-1）。

以下、順に見ていこう。

1 ● 結局何を伝えたいのかを明確にする

　極めて当たり前のことであるが、結局その文章で何を伝えたいのかが明確でない文章は、ビジネスにおいては失格である。

　文学、特に短い詩歌などであれば、読み手に解釈を委ねるというやり方もあるだろうし、そうした解釈の多様性にこそ醍醐味があると言えなくもない。それに対して、ビジネスにおける文章の目的は、最終的には人を動かし、望ましい結果を得ることである。それを考えると、そもそも何を最も伝えたいのかが明確でなくては、そうした結果は得にくいのだ。たとえば、以下の文章は何を伝えたいのかが明確といえるだろうか。

> ✕
> 件名：マネジメントの教科書
>
> （挨拶等省略）
>
> さて、このたび私は、社内異動にて、社内におけるマネジメント教育の担当者となりました。

> つきましては、博識の○○さんにぜひお教えいただければと思うのですが、マネジメントについて書かれた書籍で、①3冊選ぶ場合、②10冊選ぶ場合、どのような書籍が該当いたしますでしょうか。
>
> ご多忙のところとは思いますが、ぜひご教示いただければと思います。よろしくお願いいたします。

　言っていることそのものは、マネジメントについて書かれた良書を教えてほしいということであるが、このメールをもらった人間は困ってしまうだろう。結局、読み手である自分に「何を」「どのような目的から」期待しているかが明確ではないからだ。
　自分で勉強したいのか、社内に紹介しなくてはならないのか、それとも研修などに活用したいのかが明確ではないうえに、なぜ3冊、10冊の2パターンがあるのかも明確ではない。ここを明確にしたうえで相手に伝えないと、意図が伝わらず、期待と違う行動を読み手がとりかねない。
　上記の例であれば、たとえば以下のように書けば伝えたいことは明確であり、ビジネス文書としてはまず問題ないといえよう。

【○】
> 件名：お薦めのマネジメントの教科書をご教示ください
>
> （挨拶等省略）
>
> さて、このたび私は、異動にて、社内におけるマネジメント教育の策定メンバーに選ばれました。弊社の置かれた状況を鑑み、特に重視したいのは、主任から課長、部長補佐といった、30代前半から40代半ばのミドル層に対するマネジメント教育です。
>
> つきましては、まず自分自身が企業のマネジメントというものについて、その体系や「肝」をしっかりと理解したいと考えています。
>
> そこで、博識の○○さんのお顔が浮かび、メールをさし上げた次第です。
>
> ぜひお教えいただければと思うのですが、マネジメントについて書かれた書籍で、企業のミドルマネジャーが絶対に読むべきと思われる書籍を3冊ご推薦いただけますでしょ

うか。3冊に絞るのは大変難しいことかとは思いますが、そこをあえてお願いできればと思います。

また、これも虫のいいお願いではありますが、上記3冊に加え、「これも読んでおく方がいいよ」と思われるものを7冊ほどご教授ください。

たかだか10冊程度の書籍を読むだけでマネジメントが理解できると思っているわけではありませんが、秋のミドル研修に向け時間もありませんので、まずは優先順位の高いものから読むことで理解を高めたいと思います。

ご多忙のところとは思いますが、ぜひご協力いただければと思います。
よろしくお願いいたします。

2● 主張を支えるロジックがしっかりしている

　伝えたいことが極めて単純であったり、それほど大きな影響がない時は、くどくど理由を書く必要はなく、簡素な文章で要点を伝えれば十分だ。しかし、物事が複雑になり、読み手がすぐに内容を理解するのが難しくなるにつれ、また、事の重要性が増すにつれ（例：多額の資金要請をする、全社的な制度変更の提案を行うなど）、なぜ自分がそのように考えるのかということを、説得力をもって説明する必要が出てくる。それをしないと、説得力がないため読み手のモチベーションが上がらなかったり、各人が勝手な判断をしたりして、組織がバラバラな方向に動いてしまいかねない。
　それを避けるためにも、論理的な文章にすることで、説得力を増さなくてはならない。しかしそれはなかなか難しいことだ。
　たとえば、冒頭ケースの中野のメールのような文章だ。このメールを読んで、言いたいことと、その根拠が、明確に頭の中でつながる人は稀のはずだ。確かに冒頭に主張めいたことも書かれているし、いろいろな情報が箇条書きで列挙されている。しかし、そのつながりがよくわからず、筋道立った構成になっていない。また、冒頭の主張も、具体的な提案になっていないため、「だから何なの？」という疑問を喚起するだけで終わってしまいそうだ。
　つまりこのメールは、厳しく言えば、主張が不明瞭なことに加え、「整理されていない情報をただ箇条書きにして送っただけ」以上の意味を持っていないのである（中野本人がそれを認識しているだけまだましとはいえるが）。

しかし、実際のビジネスの現場では、こうした「何を言いたいのかわからないメール」が送られてくることは少なくない。報告書や企画書、プレゼンテーションなど、人に自分の意見や主張を文章で伝える場面全般で、同じことが頻繁に起こっているのだ。

こうしたことを避けるべく、自分が最終的に言いたいこと、すなわち主張の理由付けをわかりやすく構造化する思考ツールがピラミッド・ストラクチャー（ピラミッド型の論理構造）である。

これは、論理性を重視するコンサルティング会社などで、ライティングの基本として用いられている構造だ。元マッキンゼー社のバーバラ・ミント氏が提唱し、洗練した方法論である。特に、「○○すべきだ。なぜなら……」といった、提言とその根拠を示す文章には非常に有効とされている。

このピラミッド・ストラクチャーを図示化したのが**図表2-2**だ。一番上にメインメ

図表2-2　ピラミッド・ストラクチャーの例

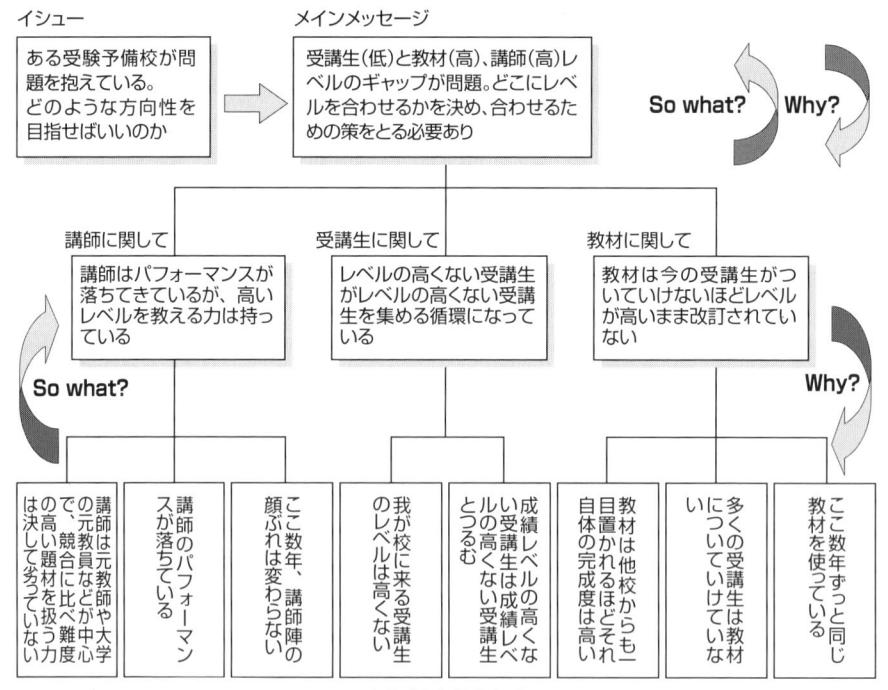

イシュー
ある受験予備校が問題を抱えている。どのような方向性を目指せばいいのか

メインメッセージ
受講生(低)と教材(高)、講師(高)レベルのギャップが問題。どこにレベルを合わせるかを決め、合わせるための策をとる必要あり

So what? / Why?

講師に関して
講師はパフォーマンスが落ちてきているが、高いレベルを教える力は持っている

受講生に関して
レベルの高くない受講生がレベルの高くない受講生を集める循環になっている

教材に関して
教材は今の受講生がついていけないほどレベルが高いまま改訂されていない

So what? / Why?

- 講師は元教師などでの競合に比べて高い、元教員や大学教員などが難中心なので、題材を扱う力は決して劣っていない
- 講師のパフォーマンスが落ちている
- ここ数年、講師陣の顔ぶれは変わらない
- 我が校に来る受講生のレベルは高くない
- 成績レベルの高くない受講生とつるむ成績レベルの高くない受講生
- 教材は他校からも目置かれるほどそれ自体の完成度は高い
- いについていけない
- 多くの受講生は教材についていけない
- ここ数年ずっと同じ教材を使っている

さまざまな観察事項

ッセージである主張があり、その下に「主張を支える柱」ともいうべき2～4つの根拠、さらにその下には根拠を支える、それぞれの小さな根拠があるという、ピラミッドのような構造になっている。

また、完成形のピラミッド・ストラクチャーは、ピラミッドのどの階層をとっても、上段から下段に向かって「Why?（なぜ）」に答えるという関係でつながっている。

つまり、「（主張）だ。なぜなら（根拠A）、（根拠B）、（根拠C）だからである」、「（根拠A）である。なぜなら、（根拠A-1）、（根拠A-2）、（根拠A-3）だからである」という関係が、すべての部分的な「論理の三角形」において成り立っている。同様に、下段から上段に向かっては、「So what?（だから何？）」に答えるという関係でつながっている。「（根拠A）、（根拠B）、（根拠C）がある。だから（主張）が言える」、「（根拠A-1）、（根拠A-2）、（根拠A-3）となっている。だから（根拠A）が言える」という関係である。

図表2-2は図式的に関係を表したものだが、構造をしっかりつくってしまえば、インデントや箇条書きなどを活用して、文書の形に落とすのはそれほど難しいことではない。ちなみに、冒頭ケースの中野のメールをピラミッド・ストラクチャーで論理構成したうえで、文書の形にしたものが下記である。冒頭のメインメッセージも、単なる表層的なまとめではなく、明確な提言としている。

ところで、必ずしも図表2-2のように立体的に構成した内容を、そのまま「平行移動」して文章の形にする必要はない（詳しくは第4章112ページ以降の「ストーリーライン」を参照）。ロジックの構成はピラミッド・ストラクチャーで考えておいて、文章表現は、そこで考えた要素をうまく盛り込み、たとえば「起承転結」の形にまとめることも可能である。

なお、ピラミッド・ストラクチャーは、主張やロジックがしっかりした文章を書くためのツールであり、必ずしも心に残るような文章や、情動をつき動かすような文章を書くためのツールではないことには注意していただきたい。

冒頭ケースの修正例

件名：マーケットの生の声を吸い上げる仕組みの至急構築を

スタディの結果、我が社は、以下のような理由から、マーケットの生の声を吸い上げる仕組みを至急強化すべきであり、早急に具体的な体制の構築に取りかかるべきであると考えます。

■顧客とインタラクションする仕組みが十分にできていない
　－我が社の「顧客相談窓口」は戦略的に活用されていない
　　・マーケティングのわかる優秀な人材が配置されていない
　　・クレームは大きなもの以外はその場で処理され、他部門に報告されていない

　－我が社の顧客とのインタラクションは限定的なものになっている
　　・顧客の生の声は主にアンケートハガキで吸い上げている
　　・それ以外の顧客情報は、主にチャネルへのヒアリングで得ている

■これまで以上に、顧客の生の声を吸い上げ、それに対応できる仕組みが必要だ
　－製品開発には顧客の声を反映させることが必須である
　　・我が社が近年新発売した新製品の実に半分は消費者からの声、不満がきっかけとなっている
　　・市場で不発に終わった製品の大半は、研究所の独りよがりの思い入れ製品である
　－顧客ニーズを的確に捉えることが難しくなっている
　　・顧客の要望や購買パターンはかつてないほど多様化している
　　・顧客ニーズの変化の速さはかつてないほどである
　－顧客クレーム対応のまずさが原因で評判を下げた企業が目立っている

■顧客とのインタラクションの仕組みづくりに力を入れ始めた企業が目立つ
　－競合X社は「お客様相談センター」を抜本的に組織改正し、経営資源の重点配分を始めた
　－競合Y社は大々的にウェブ上で顧客の声を載せる掲示板を開始した

　このように書けば、その主張に直ちに同意するかどうかは別にして、書き手がどのような思考の道筋や根拠に基づいて最終的な主張をしたのかは明確だ。反論も当然出るかもしれないが、その議論も有意義なものになる可能性が高い。これが、ピラミッド・ストラクチャーで主張とその根拠を構造的に見せることの最大のメリットといえる。
　なお、ピラミッド・ストラクチャーを用いた論理の構造化は、**図表２-３**のようなステップで進めると効果的である（第６章174ページ以降の「ステップ❶：書き始める前に準備する」も併せて参照）。

　また、ピラミッド・ストラクチャーには、テーマによっていくつかの典型的な「枠組

図表2-3 ピラミッド・ストラクチャー作成の手順イメージ

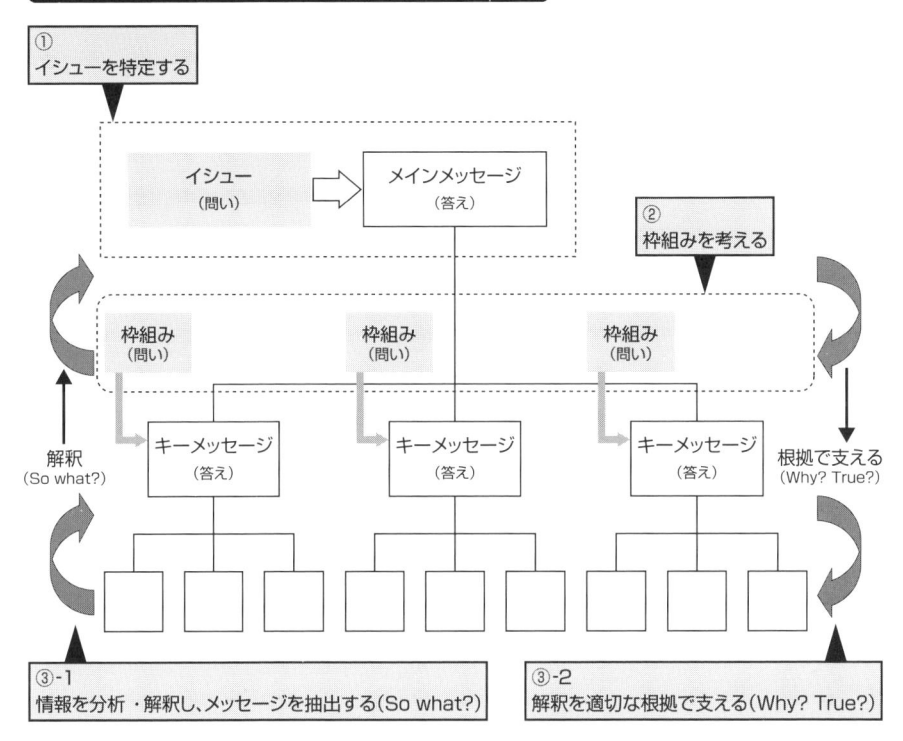

① イシューを特定する

イシュー（問い） → メインメッセージ（答え）

② 枠組みを考える

枠組み（問い）　枠組み（問い）　枠組み（問い）

↓　　　　↓　　　　↓

キーメッセージ（答え）　キーメッセージ（答え）　キーメッセージ（答え）

解釈（So what?）　　　　根拠で支える（Why? True?）

③-1 情報を分析・解釈し、メッセージを抽出する（So what?）
③-2 解釈を適切な根拠で支える（Why? True?）

みのパターン」がある。それを知っておくと、一から物事を考える手間暇をショートカットすることができるため、ビジネスの生産性が劇的に向上する。たとえば、**図表2-4**は、新規事業の提案に関するピラミッド・ストラクチャーの例だ。新規事業提案は通常かなりの枚数になるため、これを知っているのと知らないのでは、大きな差になることを実感していただけるだろう。

この他にも、経営学におけるさまざまなフレームワーク（例：事業環境分析の3C、マーケティング施策の4Pなど）は、図表2-3の「枠組み」に応用できることが多く、思考を整理するうえで非常に有効である。あまり安易に有名な枠組みだけで考えることは、かえって思考を型にはめてしまうことになるため、必ずしも望ましいことではないが、著名なフレームワークはやはり習得しておきたいものである。

ちなみに、図表2-2は、著名なフレームワークではなく、受験予備校という業態の

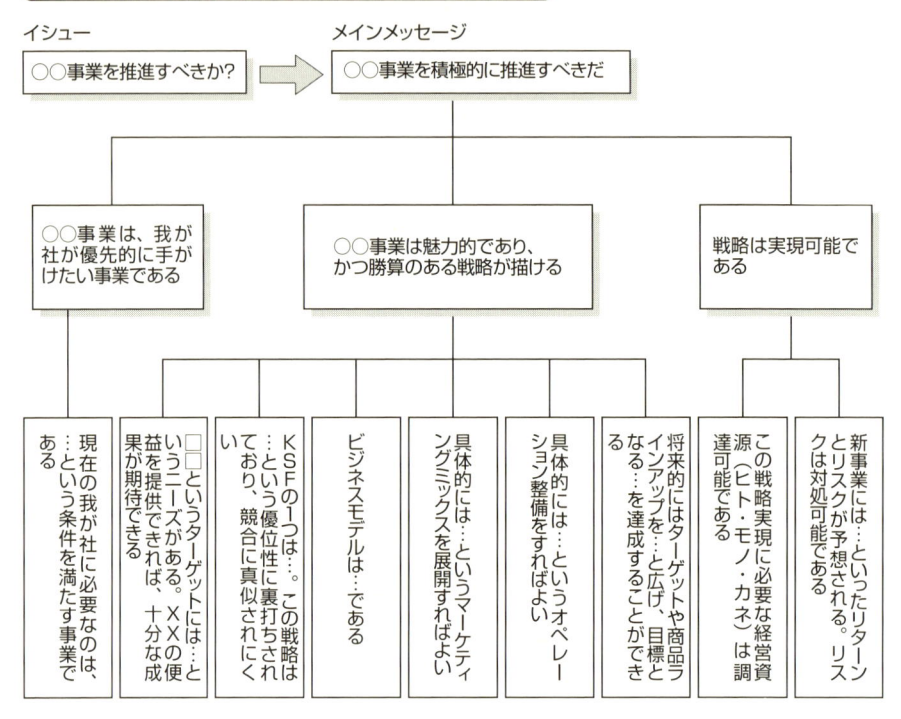

図表2-4　新規事業提案のピラミッド・ストラクチャーの例

```
イシュー                    メインメッセージ
○○事業を推進すべきか？  →  ○○事業を積極的に推進すべきだ
                                    │
        ┌───────────────────────────┼───────────────────────────┐
┌───────────────┐         ┌───────────────────┐         ┌───────────────┐
│○○事業は、我が │         │○○事業は魅力的であり、│         │戦略は実現可能で│
│社が優先的に手が│         │かつ勝算のある戦略が描ける│       │ある            │
│けたい事業である│         └───────────────────┘         └───────────────┘
└───────────────┘
```

各下位ボックス（縦書き）：

- 現在の我が社に必要なのは…という条件を満たす事業である
- □□というニーズがある。××という便益を提供できれば、十分な成果が期待できる
- …というターゲットには
- KSFの1つは…。この戦略は…という優位性に裏打ちされており、競合に真似されにくい
- ビジネスモデルは…である
- 具体的には…というマーケティングミックスを展開すればよい
- 具体的には…というオペレーション整備をすればよい
- 将来的にはターゲットや商品ラインアップを…と広げ、…を達成することができるようになる
- この戦略実現に必要な経営資源（ヒト・モノ・カネ）は調達可能である
- 新事業には…といったリターンとリスクが予想される。リスクは対処可能である

特殊性に鑑み、「講師、受講生、教材」という枠組みを用いている。

　ピラミッド・ストラクチャーそのものは、非常にシンプルなコンセプトであり、実際、慣れてしまえば、何かを考え、文章に落とし込む際に非常に有用である。ただ、実際に良いものをつくるのはけっこう難しく、下から上に向かっての「So what?」と、上から下に向かっての「Why?」が噛み合わないなどの事態が起こりがちだ。コツの体得と、繰り返しのトレーニングが必要である。

　より深くピラミッド・ストラクチャーについて理解を深めたい方は、バーバラ・ミント著の『考える技術・書く技術』（ダイヤモンド社、1999年）、『考える技術・書く技術ワークブック　上、下』（ダイヤモンド社、2006年）、『MBAクリティカル・シンキング』（グロービス・マネジメント・インスティテュート著、ダイヤモンド社、2005年）などを参考にしていただきたい。

本書では、ピラミッド・ストラクチャーで説得力を増すために意識すべき最低限のポイントとして、以下の3点を挙げておこう。

- 過度の飛躍を避ける
- 伝えたいことの根拠をバランス良く網羅する
- 最終的にはファクトで裏づける

3つめの「ファクトベース」の話については次項で別途説明するので、ここでは、はじめの2点について簡単にコメントしておく。

◉ ── 過度の飛躍を避ける

書き手からすれば説得力の高い根拠を挙げているつもりであるにもかかわらず、読み手にとってみれば首を傾げたくなるような印象を持つことがある。

たとえば、「2年間赤字が続いているのだから、この事業から撤退すべきだ」という主張は、書き手本人の頭の中では十分な根拠に支えられたものとなっているのかもしれないが、多くの人間にとって、2年間赤字＝事業撤退、はなかなか受け入れにくいものだ。おそらく物事のある一部だけを見て、飛躍しすぎた結論になっていると考えられる。

この例であれば、「この事業は2年間赤字が続いている。市場の拡大も見込めないし、業界地位も低い。早急に合理化に向けたアクションをとる必要がある。それでも赤字が解消しないようなら、この事業からの撤退も検討すべきだ」くらいであれば、行きすぎた飛躍もなく、主張と、それをサポートする根拠のバランスも良いことから、読み手の違和感も少ないだろう。

こうした過度の飛躍を避け、メッセージと根拠の整合性をとるポイントは、一度出た結論について、ピラミッドの上から下に向かって「Why?（なぜ？）」を問いかけ、自分の挙げた根拠が説得力を持ちうるかを、冷静に検討することだ。「この事業から撤退すべきだ」という最終結論の根拠として、「2年間赤字が続いている」が十分説得力のある理由になっているかを検討するのである。

特にメールなどは、読者の皆さんも経験のあるところであろうが、往々にして短絡的、攻撃的な文章となってしまうことがある。可能であればある程度の時間寝かせて気持ちを落ち着けてから、改めて主張とその根拠のバランスを見るとよい。本書の「まえがき」でも述べたことだが、文章は、本来非常に怖いものである、という意識は常に持っておきたい。

◉ 伝えたいことの根拠をバランス良く網羅する

たとえば、以下の文章はどうだろう。

> 日本はもっと風力発電の比率を高めるべきだ。風力発電は原子力発電とは異なって破滅的な事故が起こる可能性は小さいし、二酸化炭素もほとんど出さないので、エコの点からは非常に優等生だ。事実、欧州では風力発電の比率が非常に高い。すでに、スペインのように風力発電が発電のトップになった国もある。

書かれていることは事実としても、これだけで同意、共感を得ることは難しいだろう。なぜなら、読み手が当然持つであろう、以下のような疑問についてまったく触れられていないからだ。

「電力コストはどうなるの？　必要以上に値上がりしてしまって、産業の空洞化を招いたりしないの？」
「人口密度が高い日本で、風車を建てる場所は確保できるの？」
「偏西風が安定して吹いている欧州と日本を同列に比較はできないのでは？」
「風力発電も、低周波の『音害』があると聞いたけど、それは大丈夫？」

つまり、もともとの文章は、風力発電にとって都合のいいことだけが述べられており、都合の悪いことは一切書かれていないのだ。これではバランスを欠くし、逆に読み手にあらぬ不信感を持たれかねない（コラム「確証バイアス」を参照）。

さまざまなデメリットやリスクがあることを認めたうえで、それらの不都合よりも、メリットが大ということを示せないのであれば、そもそもの主張が妥当ではないということになってしまうのである（**図表2-5**）。

我々はよく、主張は、それを支える「柱」や「枠組み」がしっかりしていないといけないという言い方をする。「この主張を言うためには、『柱』としてこうした根拠が必要だ」「このことを言うためには、こうした枠組みで物事を考えなくてはならない」というセンスをぜひ持っていただきたい。その際、先述したように、著名なフレームワーク（分析や論理構成の枠組み）をたくさん知っておくと便利である。

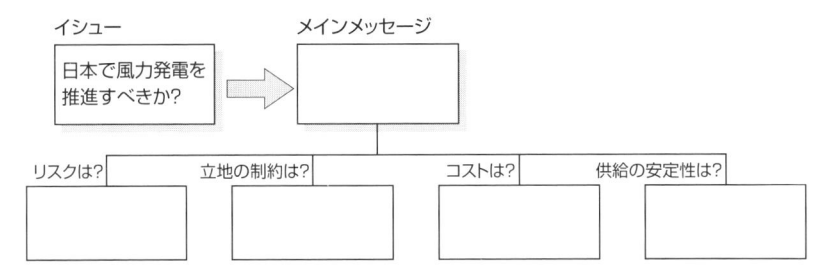

図表2-5　バランスの良いピラミッド・ストラクチャーの例

イシュー：日本で風力発電を推進すべきか？　⇒　メインメッセージ

- リスクは？
- 立地の制約は？
- コストは？
- 供給の安定性は？

Column：確証バイアス

　確証バイアスとは、いったん、ある思い込みがあると、それを支持するような情報ばかりが目につき、ますます当初の思い込みを強化してしまうというバイアスである。多くの人間にとって、最もありがちで普遍的なバイアスといえる。人間は、自分の考えを変えたくない傾向がある証左ともいえる。

　確証バイアスが大きな失敗をもたらす典型的なシーンとしては、成功に対する思い込みがある。ある企画で、「これは絶対にうまくいく！」と思い込んでしまうと、GOの指示を得るために都合のいい情報ばかりを集めてしまうのだ。

　本来であれば、顧客分析や社内資源の調達可能性、あるいは採算性の分析など、客観的かつ冷静な分析に基づいてその企画の是非を判断しなくてはいけないのだが、思い入れが強くなると、都合の良い情報しか見えなくなってしまうのだ。しかも、最近は検索ツールが充実しているため、世の中にある有象無象の情報の中から、自分に都合の良い情報だけを取り出し、それなりに納得のいく資料を作成することも決して難しくない。

　筆者は大学院のクラスなどでもよくこう言っている。「今の時代、その気になれば、ある人間を聖人君子のように見せるデータだけを集めることもできれば、逆に、極悪非道の人間に見せるデータを集めることもできる」。ぜひ自分が確証バイアスに捉われていないか、冷静に検討していただきたい。

3● ファクトに基づいた主張をする

　説得力のある文章を書くためには、論理構成がしっかりしているだけではなく、最終的に根拠がファクト、もしくは誰もが納得するファクトに近いもので裏づけられていることが望ましい。

　根拠を説明する論理展開は、基本的に、「結論─なぜなら→根拠１、根拠２……」というロジック、さらには「根拠１─なぜなら→根拠１-１、根拠１-２……」というロジックがその下にある。これを繰り返していくと一番の大元となる根拠が必要となってくるのだが、これが「ファクト」であることが望ましいのだ。

　実は、論理構成が正しいことは、最終的な主張が正しいことを保証するものではない。以下のような例を見ればそれがわかる。論理構成自体は典型的な三段論法であり間違っていないのだが、ファクトではないものが根拠として交じっているせいで、最終的な結論が明らかにおかしなものになっている。

> **例①**
> 哺乳類は母乳で子育てをする。
> ダチョウは哺乳類である。（誤り）
> よってダチョウは母乳で子育てをする。
>
> **例②**
> 東証一部上場企業はベンチャー企業ではない。（必ずしも真とはいえない）
> グリーは東証一部上場企業である。
> よってグリーはベンチャー企業ではない。

● ── ファクトとは何か

　ここで言う「ファクト」とは、事実や、みんなが受け入れる自明の理、原理原則のことである。たとえば、「日本の合計特殊出生率は長年１.４以下であり、少子化に歯止めがかかっていない」とか「（発泡酒と第三のビールを除く）ビールのカテゴリーにおいては、『スーパードライ』が５０％以上と圧倒的なシェアを誇っている」などは、動かしようのない事実でありファクトだ（いずれも２０１２年３月現在）。

　また、「人を勝手に殺してはならない」などは、みんなが抵抗なく受け入れる自明の理といえるだろう。

　前出の例で言えば「哺乳類は母乳で子育てをする」はファクトであるが、「ダチョウ

は哺乳類である」がファクトではないため、三段論法としては正しい論理展開であるにもかかわらず、最終的には間違った結論を導いてしまった。

これに対し、「若い男性は草食化が進んでいるようだ」「日本には優れたリーダーが足りない」はどうだろうか？　よくなされる議論であるが、実は主観的な意見でしかなく、事実とは限らない。また、「草食化」や「優れたリーダー」などは、何をもって（何を判断基準として）そう見なすのかが難しい。実際に、何かしら適切な判断基準や尺度を定め、客観的に調べてみたら、「事実とまでは言いにくい」という状況である可能性もある。

このような、ファクトとは言いにくいものを根拠にロジックを展開していくと、「今、若い男性は草食化が進んでいるので、それに合わせた雑誌の企画を出そう」といった、周囲に対する説得力に欠ける結論に達してしまう可能性がある（後述するように、よほど業界のキーパーソンが信念をもって言うようであればまた話は異なるが）。

最終的な結論は、論理のブロックを積み重ねて出していく。それはファクトという土台の上に築かれなければ崩れてしまいやすいのである。

●数字を使う

とはいえ、何をもってファクトと見なすのかは、現実には難しい。一番わかりやすいのは、数字で具体的に事実を示しているデータだ。売上高やシェアなどの数字は、正確に捕捉されているという条件はつくが、ファクトとしては一番迫力がある。また、具体的な数字は、第3章で述べる「印象に残る」という意味からも効果的だ。

ただし、具体的な数字やデータであれば根拠たりうるファクトと見なしていいかというと、それが必ずしも実態を表しているとは限らない。1つは、データが古くて使えないというケース。たとえば大手シンクタンクが出している信頼性が高いデータであっても、調査年度が数年前では意思決定の根拠としては古すぎる。

データそのものに信頼性があっても、根拠とするには弱いケースもある。たとえば国家予算や財政政策の議論をする際に、一般会計だけを見て何かを論じたとしたら、特別会計の方が金額としては大きいわけだから、意味のない議論になってしまう。議論をするうえで本当に意味のある数字なのかをしっかり意識したい。

●自分で確認したことを使う

事実を見て確認したことも、ファクトとして有効だ。アンケートをとったり、自ら現場に行ったりすることで、実際に何が起こっているのか、どのようなことなのか事実を確認することが大切だ。その際、極力、抽象的な言葉で説明するのではなく、具体的イ

メージを喚起する表現を用いると、説得力が増し、記憶にも残りやすい。

- ✗ とても寒いところ
- ◯ 冬は晴れた日でも最高気温が氷点下を下回る日が続く

- ✗ 非常に好評だった
- ◯ 最後には皆立ち上がって拍手をしてくれた

- ✗ かなりうるさい場所
- ◯ 3メートルくらい離れると会話が聞き取れないくらいの騒々しい場所

Column：「言い切る勇気」を持つ

　さまざまな文章を読んでいて感じるのは、「……です」などと言い切ってしまった方がいいシーンでも、「……のようです」「……と思います」「……と思慮します」などと、断言の形ではなく推定風の表現を用いたり、ややトーンダウンした、悪く言えば「逃げ場」をつくった表現を用いたりする例が多いということである。

　これは日本人特有の奥ゆかしさから発生する部分もあるのだろうが、あまりに多用しすぎると、「自信がないのだろうか」「本当にファクトなの？」といった感想を持たれてしまいがちである。

　ビジネスを推進する原動力となるのは、最終的には本人の自信や信念ということが多い。自分の信念を「私は△△△したいようです」などと書く人間はいない。グローバル化が進み、強い主張（assertion）が求められている昨今、ぜひ、強く主張を伝えるべき場では、過剰な奥ゆかしさは捨て、言い切る勇気を持ちたいものである。

　なお、これは、相手の感情を慮る気配りと相反するものではない。それが必要なシーンで相手に対して懸念を表明するのなら、やはり、「それはおかしい」と馬鹿正直に断言するのではなく、「それはよろしくないのでは、と危惧します」などと相手を立てる必要はある。

　要は、状況に合わせ、言い切る勇気を持つべきシーンでは、しっかり言い切るということである。

● ファクトだけを根拠にしていては「エッジ」が生まれない

　ファクト重視の姿勢は大事だが、誰もが知っているファクトから出てきた結論は、往々にして、ビジネスに必要な「尖がり」や「エッジ」を欠くことにつながりかねない。

　つまり、自分が容易に入手できるファクトは、ライバルも容易に入手できるファクトである可能性が高いのだ。特にネットで手に入るデータはその傾向が強い。これでは、なかなか競合の一歩先を行けない。そこで、純粋な定量データや観察事実に加え、何かしら、スパイスを加える必要が出てくる。そのスパイスとして有効なのが、業界に詳しいキーパーソンの意見だ。

　特に将来のことに関しては、現時点で数字やデータとして表れておらず、識者や専門家といったキーパーソンの頭の中にしかないことが少なくない。あくまでも予想にすぎないのだが、それでも古い客観的データよりはるかに正確に将来の姿を描くことが往々にしてある。ちなみに、コンサルティングなどでは、そうしたキーパーソンを複数見つけ、そのコメントを1つの根拠として用いることが多い。

　たとえば2012年現在、「高輝度白色LEDを用いた電灯がどのくらいのペースで普及するか」というテーマを考えてみる。高輝度LEDの普及には、技術の進化に加え、国際的なコスト競争力、代替財（有機ELなど）との競争なども絡んでくるため、現時点で手に入る客観的データを集めてロジックを組んでも、周囲を納得させるだけの主張はなかなかしにくい。

　しかしその論理展開の根拠として、照明業界やLED業界に詳しい専門家やジャーナリスト、オピニオンリーダーなどに直接聞いた意見が入ってくると、説得力が上がるのである。そうした機会を積極的につくりにいく姿勢が重要だ。結局、最後にものを言うのは「これは人を納得させるロジックの根拠たりうるか」ということであるのは銘記しておきたい。

Column：主観も大事にする

　よく、「事実と意見は分けよ」ということがいわれる。序章で紹介した『理科系の作文技術』でも、事実と意見を峻別することが強調されている。

　この姿勢は、基本的に事実「のみ」が根拠となる自然科学分野の論文などでは極めて重要といえよう。学者が事実の裏付けなく、「組み換え遺伝子作物は極めて危険だ」と言っても、おそらく相手にされないだろう。「そう主張する根拠は何なの

か?」という問いに対して事実をもって答えるのが、その世界のルールである。

　もちろんビジネスでも、事実なのか意見なのかをしっかり意識しながら考えたり書いたりすること自体は非常に重要だ。しかし、何かを意思決定する時に、事実のみにこだわると、往々にして変化が速く不確実性の高い現代の経営環境下では後手を踏みかねない。

　そもそも「未来の事実」などは存在しない。だからこそ、厳密には証明しきれないものの、業界キーパーソンの頭の中にある「未来予想図」や経験に基づく「直観」が重みを持つのである。ちなみに、あるコンサルティング会社のトップは、「客観は重要だが、より重要なのは、『客観を超えるレベルの主観』である」といった趣旨の発言をしている。「あなたがそう言うならやりましょう」という話だ。

　もちろん、権威に対して無批判に従うことは避ける必要があり、高度なバランス感覚が求められるのだが、ビジネスではやはり、時として、主観に基づく意見は重要な根拠となりうるのである。

4 ● 具体的イメージが湧く

　さきほどは、主張の理由付けをわかりやすく構造化するツールとしてピラミッド・ストラクチャー（ピラミッド型の論理構造）を紹介した。そこで示したのは「Why?」の質問に対して根拠を答えるタイプのものだったが、主張に対する質問を「How?」に変えると、「○○すべきだ。具体的には……」といった、提言とその具体的方法を示すタイプのものをつくることができる（**図表2-6**）。

　一番上にメインメッセージである主張があり、その下に主張を支える2～4つの大きな方向性、さらにその下にはより具体的な方法論があるという構造になっている。なお、Howのピラミッドは、後述するように、より具体的な行動が描けるレベルまで書くことが望ましい。しかし、図表2-6の例はメインメッセージの視点がかなり高く、これを具体的にしようとするとピラミッドの層が深くなりすぎてしまうため、最下段においても大きな方向性のレベルまでに留めている点にご注意願いたい。

　完成形のHowのピラミッド・ストラクチャーは、ピラミッドのどの階層をとっても、上段から下段に向かって「How?（どのように?）」に答えるという関係でつながっている。つまり、「（主張）だ。（方法A）、（方法B）、（方法C）のようにせよ」、「（方法A）をせよ。具体的には、（方法A-1）（方法A-2）（方法A-3）をせよ」という関係が、すべての

図表2-6　HOWのピラミッド・ストラクチャーの例

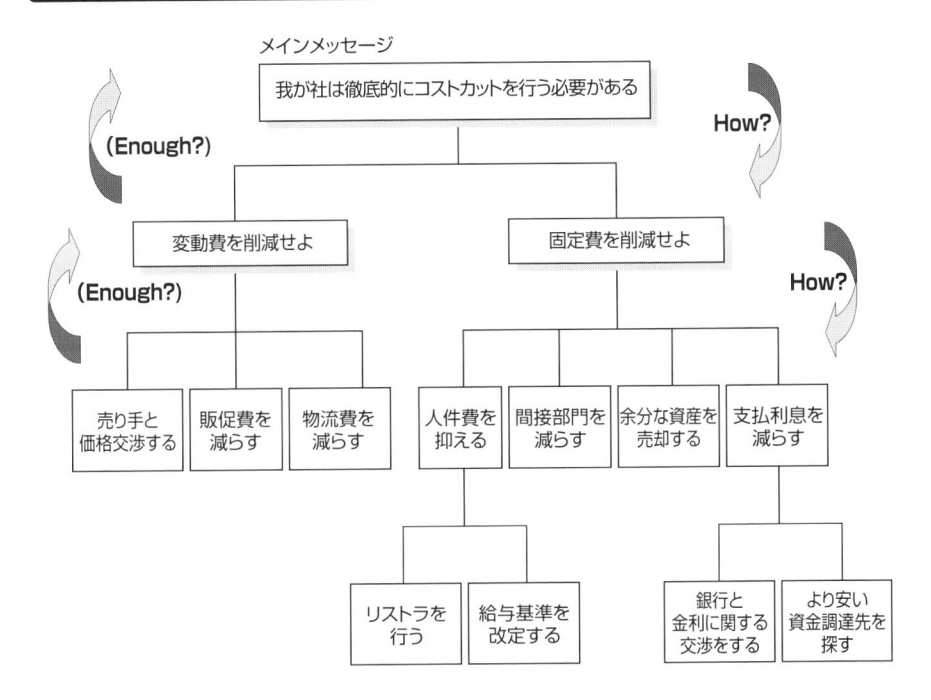

```
                        メインメッセージ
                ┌─────────────────────────┐
                │我が社は徹底的にコストカットを行う必要がある│
                └─────────────────────────┘
                            │
          ┌─────────────────┴─────────────────┐
   ┌──────────┐                          ┌──────────┐
   │変動費を削減せよ│                          │固定費を削減せよ│
   └──────────┘                          └──────────┘
      │                                        │
  ┌───┼───┐                     ┌──────┬──────┼──────┬──────┐
┌────┐┌────┐┌────┐         ┌────┐┌────┐┌────┐┌────┐
│売り手と││販促費を││物流費を│         │人件費を││間接部門を││余分な資産を││支払利息を│
│価格交渉する││減らす ││減らす │         │抑える ││減らす ││売却する ││減らす │
└────┘└────┘└────┘         └────┘└────┘└────┘└────┘
                                  │                        │
                               ┌──┴──┐              ┌──┴──┐
                            ┌────┐┌────┐      ┌────┐┌────┐
                            │リストラを││給与基準を│      │銀行と ││より安い│
                            │行う  ││改定する │      │金利に関する││資金調達先を│
                            └────┘└────┘      │交渉をする││探す  │
                                                 └────┘└────┘
```

左側: (Enough?) / (Enough?)　　右側: How? / How?

部分的な「論理の三角形」において成り立っている。

　下から上に向かっては、ここでも「So what?」の質問をすることで、「結局、何をしようとしているの？」と問うこともできるが、実際にはHowのピラミッド・ストラクチャーはトップダウンで上から下に向けてつくることが多いため、Whyのピラミッド・ストラクチャーに比べると、「So what?」の質問はそれほど重要ではない。むしろ、実務的には、「Enough?（その施策群で十分なの？）」を問うと有効な場合が多い。

　ピラミッドの下層にくる個別の施策については、最終的には「誰が（Who）」「いつまでに（When）」「何を（What）」「How much（どのくらいまで）」やるのかを極力明らかにすることが望ましい（なお、ここで言うWhatは、全体の主張のWhatではなく、それを実現するためにやるべきことをブレークダウンしたものである）。

　その第一の目的は、読み手に対して、とってほしい行動を明確に伝えるためである。また、その行動をとってもらった後に、その達成度合いがわかることで、いわゆるPDCA（Plan-Do-Check-Action）のサイクルが回ることになり、マネジメントの次元

が上がるとともに、関係者に対する動機付けにもつながっていくからだ。
　文例で確認してみよう。

> ✗
> 懸案のZ社に対する提案書作成の件ですが、以下の分担でお願いします。
> 提供内容についてはAさん、社内体制とスケジュールについてはBさん、数字のシミュレーションについてはCさんが取りまとめてください。
>
> 皆さん忙しいこととは思いますが、重要な案件なので、ぜひ時間をうまくやりくりして取り組んでください。

　これでは、Aさん、Bさん、Cさんは、分担がわかっただけで、いつまでにどの程度の仕事をすればいいのかまったくイメージがつかめないだろう。それでは事後の振り返りもできないし、各人の出来に大きなバラつきが生じる可能性もある。たとえば以下のように書くだけでもずいぶん具体的なイメージが伝わり、実際のアウトプットのレベルも向上するはずだ。

> ○
> 懸案のZ社に対する提案書作成の件ですが、以下の分担で素案を今月20日午前中までに取りまとめてください。私の方で確認後、21日午前までにフィードバックします。そのうえで、25日中までに最終版を出してください。
> 　この案件は、上半期の最重要案件ですから、忙しい中とは思いますが、最優先で取り組んでください。
>
> 　まず、Z社に対する具体的な提供内容については、Aさんにお願いします。Z社の問題が何で、我が社のソリューションがそれをどのように解決するのかがZ社の人に明確にわかるように書いてください。ソリューション内容としては、メインのシステムやその運用体制、サポート体制について具体的に書いてください。
> 　また、競合、特にP社、Q社とのコンペになることが予想されているので、彼らの想定提案内容を意識したうえで、我々の提案の優れている点が浮き彫りになるようにしてください。
>
> 　社内体制についてはBさんにお願いします。特に、技術サポート部との協業体制をど

のように取りつけるか考えてください。
　また、我々の部内での必要リソースをしっかり見積もってください。人日の数字だけを勝手に出すのではなく、具体的な想定担当者には根回しをして合意を取りつけておいてください。

　数字のシミュレーションについてはCさんが取りまとめてください。Z社にとって、今回の提案がどの程度のインパクトをもたらすのかを、前提を明示したうえで、金額でしっかり示せるようにしてください。
　また、これはZ社に見せる資料ではありませんが、弊社の想定コストを見積もってください。

　各自がバラバラに作業するのではなく、適宜情報交換しながら、全体として整合性がとれた提案となるように注意してください。

　くどいようですが、時間との戦いでもあるので、素案は20日午前中までには必ず出してください。よろしくお願いします。

　もちろん、さらに詳細に書くことも可能であるが、いたずらに時間を使うことはそれだけコストがかかることなので、状況や読み手の理解度を踏まえたうえで、費用対効果を考え、極力コンパクトに書くことが望ましい。読み手が完成物のイメージが湧きにくいことが想定されるのであれば、「X社に出した提案書を参考に」などを付け加えることも考えられる。
　ビジネスの文章は、最終的には行動を生み出すものだ。良い文章は、皆の行動を促し、かつ全員の足並みを合わせる効果を持つことを強く意識したい。
　なお、具体的なイメージを持ってもらううえで避けることが望ましい、よくやってしまいがちな行為を2つ紹介する。それは、ビッグワードの使用と、述語が不明な体言止めの使用である。簡単に解説しよう。

●───**ビッグワードを避ける**

　ビッグワードとは、何か正しいことを言っているようで、実際にはほとんど中身がない言葉である。具体的には以下のようなものだ。

「チャネルを再構築する」

「画期的な新商品開発が必要」
「マネジメント能力の底上げが必要だ」
「部門間の連携を図る必要がある」

　実際、こう言われれば、表立ってそれに異を唱える人は少ないはずだ。しかし、具体的なアクションにはつながらない。
　これらの言葉は、何か考えたようで実は深く考えたことのない人がつい書いてしまいがちである。本人としては気のきいたことを書いているつもりであるが、中身がないので、「具体的にどういうことですか？」と突っ込まれると答えに窮してしまう。口の悪い人などは、ビッグワードのことを「思考停止ワード」と呼ぶこともある。
　単に読み手が具体的なイメージが湧かないから行動をとれないならまだしも、読み手が勝手に解釈してしまい、組織にとって望ましくない行動をとってしまっては最悪だ。たとえば「チャネルの再構築」であれば、具体的にどのくらいのチャネルをどのようなプレーヤーと入れ替えるのか、あるいは、どのような教育やサポートなどをしていくのかといったことを、書ける範囲で極力具体的に書くことが望ましい。
　「具体的にどうなるかまだわからないから、今はビッグワードで書かざるを得ない」という反論もあるだろう。それはそれでもっともだが、そうした姿勢は、往々にして、まさに思考停止を促してしまう。仮説レベルでもいいので、「チャネルの再構築をする。たとえばXXXXXXなどだ」などと、（いい加減にではなく）しっかり考え、伝える姿勢が、最終的に効果のある具体的な行動を生むのである。

●───述語が不明な体言止めを避ける

　体言止めは、特に本文中や箇条書きの中で用いる際には注意を要する。以下の例で見てみよう。

> 今四半期のポイントは以下です。
> ・代理店のモチベーション
> ・上位顧客の満足度

　たとえば「代理店のモチベーション」は、「代理店のモチベーションを向上させる施策を打つ」なのか、「代理店のモチベーションを要注意でウォッチしていく」なのか、それとも「代理店のモチベーションを調査する」なのかがわからない。これが体言止めをしてしまうことの落とし穴である。

これが、

> 今四半期のポイントは以下です。
> ・代理店のモチベーションを落とさないように最低週一度は連絡をとり、こまめな対人コミュニケーションを続ける
> ・上位顧客の満足度を0.2ポイント向上させる。そのために……

などのように書かれていれば、読み手の解釈にバラつきがなくなり、具体的な行動イメージが湧きやすい。

　よく、グロービスのクラスなどでは、ホワイトボードを用いて議論してもらう時、「主語と述語はしっかり書くこと。英語でいうS（主語）とV（述語）をしっかり書くように」という指示を出すことがある。「顧客満足の向上」などとだけ書かれていると、ある程度時間が過ぎて議論が進んだ時に、「これって結局、顧客満足度をどうするんだっけ？」といった事態になりやすいからである。

　なお、主語については、162ページで後述するように、実際の文章でわかり切った主語を機械的に明示すると、かえって日本語としてくどい印象を受けることがあるので文章表現上の工夫は必要だが、述語に関しては誤解を受ける体言止めは極力避けるようにしたい。

第3章

印象を残す

POINT

ビジネス文書は、相手の頭の中に印象を残し続けることも重要である。そのためには、❶読み手の問題意識や好奇心に沿っている、❷読み手にとっての目新しさがある、❸多くを語りすぎず、ポイントにフォーカスする、❹レトリック（修辞法）の力を知る、❺熱い思いや信念を伝える、❻書き手の人となりが伝わる、といった点にも配慮が必要だ。

CASE

山田次郎は、ある会社の社長室で働いている。仕事柄、社長向けにさまざまな資料を作成することも多い。最近は、社長のスピーチの草稿を書く機会もある。

ある日、社長から、「こういう文章を参考にするといい」とコピーを渡された。2009年1月に行われた、アメリカ大統領オバマ氏の就任演説の最後の部分であった。

　……なぜなら、政府ができること、やらなければならないことはあるが、この国が最後に頼りとするのは米国民の信念と決意だからだ。堤防が崩れた時に見知らぬ人を受け入れる優しさ、友人が職を失うくらいなら自分の労働時間を短縮する無私の心が、暗黒の時に我々を支えてくれる。煙に満ちた階段を駆け上る消防士の勇気、そして子供を育てる親たちの意欲が最終的に我々の運命を決める。

　我々が立ち向かう挑戦は新しく、それに立ち向かう手段も新しいかもしれない。しかし我々の成功の礎となる価値観は古い。それは誠実さと勤勉、勇気と公正、寛容さと好奇心、忠誠心と愛国心などだ。これらは普遍の真理である。我々の歴史を通じて前に進む静かな力となってきた。

　そうであるならば、いま求められているのはこうした真理に立ち戻ることだ。いま求められているのは新たな責任の時代だ。米国民の1人ひとりが自分自身、自分の国、そして世界に対して義務を負うという認識だ。いやいや請け負う義務ではなく、喜んでつかむ義務だ。難しい課題に全力で向かうことほど、精神を満たし、我々らしさを見せることはないからだ。

　これが市民であることの代価であり、約束である。我々の自信の源泉である。未知の運命を自らの手で形作れと神が呼びかけていることを我々は知っている。

　これが我々の自由の意味であり、信条である。これがあるからこそ、今日この偉大な

モールにあらゆる人種とあらゆる宗教の男性、女性、子供が集まり祝うことができるのだ。これがあるから60年前ならレストランで食事をすることもできなかったかもしれない父を持つ男が、最も神聖な宣誓を行うためにあなた方の前に立つことができるのだ。

だから、我々が誰なのか、どれだけ長い道のりを歩んできたかを振り返りながら、この日を覚えておこう。米国が生まれた年、最も寒い月に、愛国者の小さな集団がいてつく川沿いの消えかけたたき火に身を寄せ合った。首都（フィラデルフィア）は見捨てられた。敵は進軍してきた。雪には血がにじんだ。革命（独立）の行方が最も危ぶまれた時、建国の父は人々にこう読むよう命じた。

「将来の世界で語られるようにしよう。希望と美徳以外は何一つ生き残ることができない真冬の日に、共通の危機にひんした都市と地方はともにそれに立ち向かった」

アメリカよ。共通の危機に直面した今、この困難な冬に、我々はこの時を超えた言葉を思い出そうではないか。希望と美徳によって、氷のように冷たい流れにもう一度勇敢に立ち向かい、いかなる嵐が訪れようとも耐えようではないか。子々孫々が今を振り返った時に、我々が試練の時に旅を終えることを拒否し、引き返すことも、たじろぐこともなかったということを語り継がせようではないか。地平線に視線を定め、神の慈悲を身に浴びて、我々は自由という偉大な贈り物を運び、将来の世代に安全に送り届けたということを。

ありがとう。神の祝福がみなさまにあらんことを。そして、神の祝福がアメリカ合衆国にあらんことを。

（日本経済新聞　2009年1月24日朝刊より）

山田は考えた。「確かに響く文章だが、どこをどう参考にすればいいのだろう？」

解説

　ビジネスにおける文章の大きな目的は、単に自分の言いたいことを伝達するのではなく、読み手に共感してもらい、行動を起こしてもらうことだ。そのためには、単に「わかった」というレベルではなく、相手の好奇心や情動を強く刺激し、強い印象を残すことが求められる。実は、第2章で紹介したピラミッド・ストラクチャーだけでは、これは実現しにくい。

　本章では、さまざまな文章を検討したうえで、「印象に残る」という観点から、第2章までにまだ説明しておらず、しかし重要性の高い以下のポイントについて順次解説していきたい（図表3-1）。

図表3-1　印象に残すためのポイント：「INFRAN」

❶**I**nterest	読み手の問題意識や関心に沿っている
❷**S**omething **N**ew	読み手にとっての目新しさがある
❸**F**ocus	多くを語りすぎず、ポイントにフォーカスする
❹**R**hetoric	レトリック（修辞法）の力を知る
❺**A**spiration	熱い思いや信念を伝える
❻**N**ature	書き手の人となりが伝わる

　なお、図表3-1に挙げた項目のうち、❻の「書き手の人となりが伝わる」は、文章のテクニックを超えた、やや次元の違う要素である。それだけでも単独に項を立てるべき重要な要素ではあるが、ここでは便宜上、他の心構えや手法と併せて解説していく。

1●読み手の問題意識や好奇心に沿っている

　これは、第1章で述べた、「まずは読んでもらう」ということにも通じる、最も重要なポイントの1つだ。
　たとえば、あなたが囲碁サークルの主催者だとして、そのメンバー募集のメールを出

すシーンを考えよう。読み手は主に60代以上の、会社を引退した人々で、なおかつ初心者を前提としている。あなたは、より多くの人に参加してもらい、ネットワーキングの場にしたいと考えている。

> 件名：囲碁サークルメンバー募集
>
> 我々は、60代以上の方々を対象に、囲碁サークルを開催しています。初心者からかなりの強豪まで、さまざまなレベルの方が気軽に集まれるサークルです。現在、メンバーはおよそ25人です。
>
> 活動本拠地：東京都新宿区×××
> サークル活動：囲碁全般。将来的には大会参加、交流会、普及活動、合宿なども開催したいと考えています。
> 開催頻度：月1、2回。土曜日9時～17時
> 会費：年3000円
> サークル外活動：月に1回程度の飲み会（実費負担）
> 代表者：□□□□（囲碁歴30年、アマ△段）
> 電話：○○-○○○○-○○○○
>
> すでに囲碁をやられている方も、初心者の方も大歓迎です。ぜひみんなで楽しく囲碁を打ちましょう。

　事務的なことは書いてあるが、これを読んで、「この囲碁サークルにぜひ入りたい」と考える人、特に囲碁の初心者は少ないだろう。厳しく言えば、これは単なる伝達文であって、人の行動変容を促す文章になっていない。
　まったく囲碁に関心のない人の興味まで引くことは難しいにせよ、ある程度囲碁に関心のある人の興味を引き、行動に移してもらおうとするなら（参加してもらおうとするなら）、もっと彼らの関心（囲碁サークルに入ることのメリットなど）を前面に打ち出すことが必要だ。
　その点を考えて書き直してみたのが以下の文章だ。

件名：いつまでも若々しく、楽しい生活を送るために：囲碁サークルメンバー募集

こんにちは。囲碁サークル○○（主に60代以上の方を対象にしています）の代表者の□□□□です。今回は、新会員、特に初心者の方の募集をしたいと考え、ご案内をさし上げました。

囲碁の魅力──これは一言で語りつくせるものではありませんが、囲碁は、人類が生み出した最も高度な知的ゲームの１つといえるでしょう。古くは織田信長をはじめ、著名な武将や政治家など、囲碁は多くの人々を魅了し続けてきました。

特に、60代以上の人が囲碁を打つことには大きなメリットがあります。

１）脳の活性化：囲碁は、脳をフル回転で使う知的ゲームです。また、同時に、「体の脳」ともいわれる指先も使います。直接間接に脳を活性化することで、いつまでも若々しくあり続けられます。

２）人のつながり：サークルを通じて、さまざまな人と知り合いになれます。すでにメンバーは25人程度の規模となっており、メンバーも、現役の経営者から、元大学教授までさまざまです。人的なネットワークが小さく閉じてしまいがちなシニア層にとって、人とのつながりを生み出すまたとない機会です。

３）得がたい達成感：囲碁は、歳をとってからでも上達するゲームです。定石を覚え、どんどん強くなっていくことを実感することは、人生にとって大きなスパイスとなり、モチベーションを与えてくれます。

４）老若男女が楽しめる：囲碁は、老若男女が楽しめるゲームです。奥さんや旦那さん、あるいはお孫さんにもルールを覚えていただければ、家族のコミュニケーションも密になります。事実、囲碁でお孫さんとのコミュニケーションが多くなったという人はかなりの数に上ります。

上記に挙げたメリットは一例で、他にもたくさんのメリットがあります。体験参加も可能ですので、ぜひ一度ご訪問いただき、雰囲気を味わっていただければと思います。メ

> ンバーは初心者からベテランまでさまざまですが、特に初心者の方には、有段者メンバーによる定石の指導など、手厚いサポートをご用意しています。
>
> 場所等の詳細は以下をご覧ください。
>
> （以下略）

　修正後の文章の最も重要なポイントは、読み手の関心を想定したことである。「囲碁サークルに入る」ということだけをダイレクトに訴えるのではなく、彼らが囲碁に関心を持った理由を想定し、囲碁サークルがそれに応えられるということを伝えている。
　歳をとることは多くの人にとって好ましいことではなく、さまざまな心配事が起きやすい。そこで、「脳の活性化」「人のつながり」「孫とのコミュニケーション」などの言葉を盛り込んだ。おそらく、何か1つは「琴線」に触れ、初心者でも一度は問い合わせをするくらいの関心を持つ可能性が高くなるだろう。
　マーケティングに例えると、単に製品の機能を訴えて買ってくれというのではなく、彼らがそれを欲しくなる文脈をうまく見出し、その琴線に触れるようなコミュニケーションをしたということである。言うまでもなく、第1章33ページで触れた、想定読者の関心を知るという態度がここでは非常に重要になる。

2● 読み手にとっての目新しさがある

　人間は、ありきたりの話や、すでに知っていることを長々と読まされても記憶になかなか留めないものだ。文章の100％をすべて目新しい話で埋めることは現実には不可能であるが、ある程度、「えっ、そうだったの！」「あの話とこの話がつながるなんて！」といった話を織り交ぜる方が、人々の記憶に長く留まる傾向がある。
　記憶に留まりやすい「目新しさ（Something New）」としては、以下のようなものがある。

　①内容が目新しく、多くの人は知らない話である
　②それまで常識、あるいは「当たり前」と思っていたことが、実は事実ではなかった
　③含まれている内容そのものはすでに知っていることであるが、それを別のアングルや切り口から捉え直したり、他の要素と紐づけたりすることで、それまでに気がつかなかった新しいものの見方を提供している

通常、「目新しさ」としては、①の「内容が目新しく、多くの人は知らない話」に目が行きがちであるが、コンサルタントやコラムニストなどは、むしろ②や③を重視することが多い。それまでの常識やものの見方を揺さぶり、読み手に新しい視点を与えることが付加価値につながるからだ。
　こうした観点も意識したうえで、以下の例を見てみよう。

> ❌
> 件名：サポーティブ・リーダーシップセミナーのご案内
>
> 現代は、コーチングに代表される、サポーティブなリーダーシップの時代です。そのことを鑑み、このたび、掲題のセミナーを開催する運びとなりました。
>
> （以下略）

　これでは、リーダーシップに多少興味のある人間では、あまり引きこまれない。ここでは、読み手に「えっ、そうだったの！」と思わせたいところである。そこで、一般に想像されるリーダー像との差異を前面に打ち出し、以下のように修正してみた。

> ⭕
> 件名：人を引っ張るだけのリーダーはもう古い──サポーティブ・リーダーシップセミナーのご案内
>
> 「リーダー」──よく使われる言葉ですが、皆さんはこの言葉からどのような人物像を想像されるでしょうか？
>
> 多くの人が想像するのは、△△社の○○社長のように、組織をグイグイと引っ張っていくリーダーでしょう。もちろん、新機軸を打ち出し、それに向けてメンバーを鼓舞することは非常に大事なことです。
>
> しかし、昨今のリーダーシップ研究によれば、リーダーによるビジョン提示は変わらず重要ではあるものの、指導方法として「自分についてこい」という形のリーダーシップは、むしろ逆効果となることも少なくありません。

> これからの時代に求められるのは、ビジョンを打ち出しながらも、強引に人を引っ張るのではなく、彼らがビジョン実現に向けて成果を出せるよう、サポートしていくサポーティブなリーダーシップなのです。その最もわかりやすい手法の1つがコーチングというわけです。
>
> 本セミナーでは、なぜこのような新しいタイプのリーダーが必要となってきたのかという時代背景と合わせ、サポーティブ・リーダーシップを実現していくうえでのカギをご紹介します。
>
> （以下略）

　さらにインパクトを増したいと考えるのであれば、著名企業のCEOやプロスポーツの監督、ヘッドコーチなどの中から、サポーティブ・リーダーシップを実践している人の名を数人挙げるとよいだろう。その中に、「えっ、あの人も」という意外感があるとさらに印象度は増すはずだ。

3● 多くを語りすぎず、ポイントにフォーカスする

　意外と多くの人がやってしまっているミスは、文章の中で多くを語りすぎてしまい、肝心の一番伝えたいポイントがぼやけてしまうことだ。

　本書で何度も繰り返していることだが、現代のビジネスパーソンは忙しく、しかも情報洪水の中でもがき苦しんでいる。81ページで後述するような情動に訴える効果があるならまだしも、そうした効果が期待できない不要な箇所であれば、どんどんカットして、本来伝えたいポイントに絞り込むことが望ましい。例を見よう。

> ✗
> 　テキストについて質問させてください。
> 　ファイナンスにおけるフリーキャッシュフロー（FCF）の計算手順のパートに関するものです。正しくFCFを計算するうえで、用語の定義を明確にさせていただければと思います。
> 　さて、第4章の160ページの4行目から5行目にかけてですが、EBITの定義として、「営業利益に金利以外で恒常的に発生する営業外損益を加えた額」とあります。
> 　しかし、疑問に思って私が調べたところ、EBITの定義として、私が昔銀行時代に用い

> ていた○○の書籍では「営業利益に受取利息（営業外利益）を加えたもの」となっていました。
> 　一方、数年前に▲▲セミナーに参加した時に購入して持っていた△△の書籍では、「経常利益に支払利息（営業外損益）を加えたもの」との説明があり、また、最近買った□□の書籍では、「営業利益のこと」と説明されていました。書籍によって定義が違うようです。
> 　非常に混乱しているのですが、ここは、EBIT＝営業利益＋営業外損益との理解で正しいでしょうか？　お答えお願いします。

　いろいろ書かれているが、これでは読み手が疲れてしまう。「私が昔銀行時代に用いていた○○の書籍では」などのフレーズは、この文章では本質的な内容ではなく、カットしてもほとんど問題はない。その他にも、必要性の低い形容句が多く、全体的に文章を読みにくくし、本当に聞きたいことを覆ってしまっている。
　疑問に確実に答えてもらうのであれば、以下のような書き方がよいだろう。

> 〇
> 　テキストに関して質問させてください。
> 　160ページの4行目ですが、EBITの定義として、「営業利益に金利以外で恒常的に発生する営業外損益を加えた額」とあります。
> 　しかし、他の書籍では
> 「営業利益に受取利息（営業外利益）を加えたもの」
> 「経常利益に支払利息（営業外損益）を加えたもの」
> 「営業利益のこと」
> といった説明もみられます。
> 　おそらくさまざまな定義があるのでしょうが、どの定義が最も多く用いられているかご教示ください。よろしくお願いします。

　こちらの方が、読み手も、何を聞かれているかが明確であるため、素早く、かつ容易にアクションをとれるだろう。
　わかりにくい文章は、相手の「アクションしなくてはいけない」という気分を削ぎ、スピードを鈍らせてしまう可能性があることも意識したい。もし面倒くさがり屋の読み手の場合には、これだけでレス（回答）が数日遅れてしまうかもしれないのだ。
　もう1つメルマガの文例を見よう。

ソーシャルメディア

こんにちは。

昨今はソーシャルメディアが大流行りですね。
私も昨年、フェイスブックやツイッターに登録しました。最初の1カ月はほとんど読むだけでしたが、その後はかなり発信もしています。ツイッターではだいたい1日に10回ツイートすることを日課としています。最初は億劫で、ネタ探しも大変だったのですが、最近は特定ファンの方もいるらしく、面白いネットワークができつつあります。

こうしたツールを会社のPRに活用されている方も多いでしょう。まだサービスが発展中で、どの企業も苦労されているようですが、今後もどんどんユーザーが増えコミュニティが拡大していくのは確かです。それぞれのサービスの連携もかなりとれていますから、こうしたソーシャルメディア抜きに企業プロモーションが考えられなくなる日も近いのではないでしょうか。

さて、私の知人の個人コンサルタントは、これらのツールを利用して、専門家のネットワークをつくることで問題解決のお手伝いをしています。ただ、問題を抱えているクライアント企業の立場からすると、実名で「問題社員の人事について悩んでいるので、誰か助けてください」などとは書けるものではありません。中小企業の場合、下手なことを書くと、かえってやぶへびになりかねません。

かといって、クライアント企業が自分で適切な専門家やコンサルティング会社を探すのは、手間暇がかかりますし、信用していいのかもなかなかわかりません。専門家を選ぶために必要な情報が充実したサイトなどがあればいいのですが、筆者の見るところ、さまざまな制約条件があって、まだそこまでは行かないでしょう。

とはいえ、ビジネスチャンスがあるのは確かです。我々も、そうした専門家の紹介に関してビジネスができないかと考えています。ソーシャルメディアの発達が、こうしたビジネスチャンスを生み出したのです。

長々書きましたが、ということで、専門家のネットワークに参加したい方、あるいは現

▎実に問題を抱えられている方は、ぜひご連絡ください。

　趣旨は、「ネット上で専門家を見つけるマッチングビジネスをやりたい、また、専門家のネットワークを持ちたい。ついては、そこに参加したい人、あるいは顧客として実際に相談したい人は連絡をほしい」というものだ。最後の段落になってようやくその意図がわかるが、それまでのソーシャルメディアに関する説明などがややまどろっこしく感じる人も多いだろう。タイトルもミスリーディングだ。文章的に長くはないので一気に最後まで読む人が多いかもしれないが、途中で脱落する人も少なくないはずだ。

　メルマガという性格上、ある程度の分量を毎回載せたいという意図がある場合も多いが、もしそうした制約を外せるなら、上記の文章は以下のようにもっとフォーカスを絞ってコンパクトかつ的を射たものにできるはずだ。

> ◯
> **新サービスのご案内：ネット上での問題解決マッチングについて**
>
> こんにちは。
>
> 今回は弊社の新しいサービス「ネット上での問題解決マッチング」についてご案内します。ご興味のある方は、ぜひご連絡いただければと思います。
>
> ◎サービスの内容
> 昨今、ネットサービスの多くが無料で活用できるようになり、さまざまな情報がネット上で発信されている状況です。特にソーシャルネットワークの発達には目を見張るものがあります。
>
> そうした中で、ネットを活用して、「問題を抱えているので誰かに相談したい」というニーズ、そして逆に、「自分の専門家としてのスキルを活かしてビジネスにつなげたい」というニーズが生まれてきています。
>
> とはいえ、込み入った内容になればなるほど、実名で登録するSNSなどのサービスは使いづらいものです。たとえば、「問題社員の人事について悩んでいるので、相談に乗ってください」などとはなかなか書けません。現状では、適切な専門家やコンサルティング会社を見つけるのはなかなか難しいといえます。

> 弊社はそこに着目し、クライアント企業と専門家のマッチング、さらにはそのベースとなる専門家のネットワークづくりをしていこうと考えました。弊社にもそれなりのネットワークはありますので、まずは専門家の探索代行からスタートしたいと考えています。
>
> 専門家のネットワークに参加したい方、あるいは現実に問題を抱えられている方は、ぜひご相談ください。

　枝葉の部分はどんどんカットして、本来伝えたいポイントに絞り込む勇気を持ちたいものである。

4 ● レトリック（修辞法）の力を知る

　レトリック（修辞技法）は、極端に言えば、文章の骨格を装飾する飾りであり、あるいは書き手の「気取り」である。本質的には、本来伝えたい事柄と直接の関係性は薄い。「文章は極力簡潔に」という心構えと矛盾しがちな要素でもある。
　しかし、現実問題として、人はロジック（理）だけではなく、エモーション（情）で共感し、動く動物である。人を動かすことを最終目的とする文章の場合、適度なレトリックを施すことで、本質的な文章の骨子は同じであっても、人々の情動により強く訴えかけることは、やはり有効なのである。
　レトリックは、やりすぎると文章がくどく、嫌らしく品がないように感じるし、逆にまったくないと味気ない感じがする。どこでバランスをとるかは難しいテーマであるが、文章の目的や、読み手との関係性を意識しながら、適度なレトリックを用いていくのが現実的には妥当な姿勢だろう（これは、第4章133ページで後述するトーンの要素とも関連してくる）。
　レトリックをうまく使えるようになる最も近道は、他の文章テクニックとも共通することであるが、良い文章を読み、なぜその文章が「心に刺さった」かをしっかり分析することである（第6章185ページも参照のこと）。

　ここで冒頭ケースのオバマ氏の演説の草稿を見てみよう。なお、この文章は、スピーチ用であり、また、翻訳文であるため、厳密な意味で日本のビジネスパーソンが参考にすべき文章とはいえないかもしれない。しかし、オバマ氏のスピーチの文章は、レトリックを考えるうえでは非常に良いテキストと一般的にも見なされているため、本書でも1つの例として提示する。

試しにこの文章を、骨格だけ取り出して通常の文章にすると、以下のように書き直せるだろう。

> **修正例**
>
> なぜなら、政府ができること、やらなければならないことはあるが、この国が最後に頼りとするのは米国民の信念と決意だからだ。
>
> 我々が立ち向かう挑戦は新しく、それに立ち向かう手段も新しいものになるだろう。しかし我々の成功の土台となる価値観——誠実さと勤勉、勇気と公正、寛容さと好奇心、忠誠心と愛国心など——は変わらないものだ。
>
> いま必要なのは、こうした原理に立ち戻ることだ。米国民すべてが自分自身や国、そして世界に対して義務を負う必要がある。それは喜んでつかむ義務でなくてはならない。それこそが、精神を満たすからだ。これは、市民であることの代価でもある。
>
> 共通の危機に直面した今、我々は希望と美徳によって、もう一度勇敢に立ち向かおう。
>
> 神の祝福がみなさまとアメリカにあらんことを。

元の文章はおよそ1230字、そして文章の骨格だけに絞り込んだ修正例はおよそ4分の1の330字程度である。

つまり、元の文章は、およそ4分の3が、単純にコンテンツを伝えるという意味では、本来不要な飾りもしくは書き手の気取りということになる。しかし、やはり元の文章の方が響く、という方は多いだろう。それがレトリックの威力である。

オリジナルの文章で用いられているレトリックを挙げると、以下がある。

列挙：該当する項目をたくさん並べることで、その重要度を知らしめる。
畳語：畳みかけるように繰り返すことで強調する。同じ言葉を繰り返す場合は反復という。

> 堤防が崩れた時に見知らぬ人を受け入れる優しさ、友人が職を失うくらいなら自分の労働時間を短縮する無私の心が、暗黒の時に我々を支えてくれる。煙に満ちた階段を駆け上る消防士の勇気、そして子供を育てる親たちの意欲が最終的に我々の運命を決める。

言い直し：同じことを別の言葉で言い換え、強調する。

> 米国民の1人ひとりが自分自身、自分の国、そして世界に対して義務を負うという認識だ。いやいや請け負う義務ではなく、喜んでつかむ義務だ。

比喩：あるものに例えて具体的なイメージを喚起する。なお、直接「……のように」と表現する技法を直喩、比喩であることが明示されていない比喩を隠喩（暗喩）という。文学などでは通常、隠喩の方をより洗練された比喩の方法と見なす傾向にあるが、ビジネス文書の場合は、読み手に具体的イメージを持ってもらうことが重要なので、隠喩よりも直喩が勝るケースが多い。以下の例は直喩と隠喩の両者が用いられている。

> この困難な冬に、我々はこの時を超えた言葉を思い出そうではないか。希望と美徳によって、氷のように冷たい流れにもう一度勇敢に立ち向かい、いかなる嵐が訪れようとも耐えようではないか。

呼びかけ：読み手との密接感を演出する。

> アメリカよ。共通の危機に直面した今、この困難な冬に、我々はこの時を超えた言葉を思い出そうではないか。

婉曲：否定的な意味を持つ語句や、直接言うには目立ちすぎる語句を直接は用いず、他の語句で遠回しに表現する。

> 60年前ならレストランで食事をすることもできなかったかもしれない父を持つ男が

引用：有名なフレーズを引くことで印象づける。

> 建国の父は人々にこう読むよう命じた。
>
> 「将来の世界で語られるようにしよう。希望と美徳以外は何一つ生き残ることができない真冬の日に、共通の危機にひんした都市と地方はともにそれに立ち向かった」

敷衍（ふえん）：あえて長く説明することで、強調する。

> 子々孫々が今を振り返った時に、我々が試練の時に旅を終えることを拒否し、引き返すことも、たじろぐこともなかったということを語り継がせようではないか。

こうして改めて分析すると、この演説文章は、さまざまなレトリックを施すことで、読み手（このケースでは聞き手）の情動に訴えかけようとしていることがわかる。
その他に、ビジネス文書でよく使われるレトリックとしては以下がある。

反語：質問形ではあるが、実際には強い断定を表す。しばしば皮肉的な意味合いを帯びる。

> 「このような顧客の声に危機感を感じるのは私だけでしょうか？」
> （「もちろん、皆さんも危機感を感じているはずです」あるいは「皆さんは危機感を感じないほど鈍感なのですね」）

体言止め：名詞などの体言で文章を止めることで、強調したり余韻を出したりする。なお、第2章66ページで述べたように、とってほしい行動を正確に伝える際には、体言止めは用いず、述語を最後まで言い切る方が望ましい。

> 私は10年の経験を持つベンチャーキャピタリスト。IPO（株式公開）に導いたベンチャーは5社。ビジネスモデルや経営者を見る目は持ち合わせているつもりです。

押韻：同じ音を同等の場所で使うことで、印象深いリズムを生み出すこと。特に語句の頭を揃える頭韻は、記憶に留めるうえでも有効である。序章15ページの「3自」もその一例だ。

> 高い視座、多様な視点、広い視野がビジネスリーダーには必要だ。

ちなみに、経営学には、洋の東西を問わず、覚えやすいようにアルファベットで頭韻を踏んだものが多い。例としては、事業環境分析の3C（Customer、Competitor、Company）、マーケティング施策の4P（Product、Price、Place、Promotion）、工場管理の3S（整理、整頓、清潔）、4S（前記に掃除を追加）、5S（前記にさらに躾を追加）などだ。

また、同じ文字で揃えるのではなく、頭文字をとるとある単語になるという方法もよ

く用いられる。目標設定の際のSMART（Specific、Measurable、Achievable、Relevant、Time-bound）、プレゼンテーションのKISS（Keep It Simple, Stupid）などである。図表3-1の「INFRAN」もそれに倣っている。

　擬音語、擬態語：いわゆるオノマトピア。実際の音や動作、状態などを音声的に表現したもの。文学などでは幼児的として多用を避ける向きもある。ビジネスの文章では、擬音語はあまり使われないが、擬態語は、あえてこれを使うことで印象を深めたり、キャッチフレーズ的に用いたりするケースは少なくない。

> 「今年のテーマは、『ガンガンに攻める』です」
> 「従業員皆がワクワクできる職場をつくることが、再生請負人としての自分の役割だと思っています」

　ここまで、多くのレトリックを紹介したが、これらはほんの一部であり、他にもさまざまな技法が存在する。ここではすべてを紹介することはしない（できない）ので、興味のある方は専門書などを当たっていただきたい。

　繰り返しになるが、ビジネス文書におけるレトリックの最大の目的は、情動に訴えかけ、読み手に深い印象を残すことである。いたずらに流麗華美なレトリックを用いて「名文」を書こうとするのではなく、基本に立ち返って、「人を動かす」という点に意識を向けていただきたい。

◉──── 印象に残るフレーズ

　文章の中に、印象に残るフレーズを入れることで、記憶に留めるという手法もよく用いられる。これらは、レトリックの一種ともいえるが、やや別の頭の働きを必要とするため、ここで別途説明する。

　典型的なフレーズとしては、有名な諺や文章などからの引用、リズムを揃えた口ずさみやすいフレーズ（以下の例❶。先述した押韻に近い）、有名な諺や文章のパロディやオマージュ（例❷）などがある。また、日本語は造語をつくりやすい言語なので、印象的な造語をつくったり（例❸）、それにさらに掛け言葉やオマージュ的要素を盛り込む（例❹）などの方法もある。一工夫必要ではあるが、良いフレーズができれば、人の記憶に留めてもらう強力な武器になりやすい。

例❶：リズムを揃えた口ずさみやすいフレーズ

> 意識が変われば行動が変わる
> 行動が変われば習慣が変わる
> 習慣が変われば人格が変わる
> 人格が変われば人生が変わる

例❷：パロディやオマージュ

> 今こそ、消費者の、消費者による、消費者のためのメディアが必要です。
> （リンカーンのゲティスバーグ演説「人民の、人民による、人民のための政治」を下敷きとしている）

例❸：造語

> 「見える化」
> 「気にしない力」
> 「自働化」（トヨタで使われている。「にんべんの自動化」ともいう）　など

例❹：造語（掛け言葉やオマージュ的要素を盛り込んだもの）

> 我々の今年のキーワードは、パートナー企業を巻き込んで新しい製品やサービスを生み出す「協創の戦略」です。
> （マイケル・ポーター教授の著名な書籍『競争の戦略』をもじっている）

> 「マネジャーに必要なのは、部下に共感する／してもらう力と、部下と同じ風景を見ることのできる「共観力」ではないでしょうか」
> 「本書は、まさにリーダーシップの「強化書」といえます。皆さん、しっかり読んでください」
> （いずれも、同じ発音の言葉に掛けている。後者は明示していないが、言うまでもなく「教科書」に掛けている）

5 ● 熱い思いや信念を伝える

　文書のタイプにもよるが、書き手の思いや信念を伝え、それに共感を覚えてもらう、という点も非常に重要な点だ。日頃のビジネスにおいても、勧誘・募集、提案、説得、指導・啓発など、「人を動かす」ということが最大の目的である場合、その手段としての文章にも、思いが適度に盛り込まれていることは、ある程度必須といえる。思いの強さが、相手の共感を引き出すカギとなる場合が多いからである。その思いが、読み手の琴線（響くポイント）と共振した時、そのパワーは計り知れないものとなる。

　もちろん、思いが高じすぎてそれが空回りすることはマイナスである。しかし、一般的に、自分の言葉を信じ、情熱をもって説得してくる相手に対して、人はプラスの感情を抱く。どれだけ内容がしっかりしていて、相手のことを理解し、感情に配慮したところで、自分の思いが強くなければ、なかなか人は動かないのだ。

　例を見てみよう。以下は、上司に対する能力開発目標の文章である。修正前と修正後の2つを示した。

✗

　私は、これから1、2年の自分の能力開発について、以下の2点に特に強く取り組んでいきたい。

　第一に、強く自問自答したうえで、覚悟を持つこと。そのポイントは、自問自答をすることと、コミットしきれる志を立てること、同時に自信を持つことだと思う。そのために、小さなことから始めて、より大きなサイクルへと回していきたい。

　第二は、人を巻き込む力の向上である。そのポイントは、コミュニケーションの向上と、周りからの信頼だと思う。これらに気を配りながら、これも最初は小さな案件から始め、徐々により多くの人を巻き込むような仕事ができるようになりたいと考える。

○

　私は、これから1、2年の自分の能力開発について、以下の2点に特に強く取り組んでいきたい。

　第一に、強く自問自答したうえで、覚悟を持つこと。
　優れたリーダーは、誰もが覚悟を持ってコトに臨んでいる。それに比較すると、自分

> 自身はこれまで深く自問自答することもなければ、覚悟を持ち切れてもいなかった。これではリーダーとして多くの人を率いるのは難しいと強く感じる。
> 「自分は何がしたいのか」「自分は何をなすべきなのか」――これらを何度も何度も自分に問いかけ、自分自身、「これだ」と言い切れて、コミットし切れる志を立て、それを実現する覚悟を持ちたい。
> その際、同時に「自信」が必要になってくると思うが、それについては、まずは小さなことから始めていく。すべての仕事に、自分自身で期限を設定し、それを相手にコミットする。小さなことから続けてスモールサクセス（小さな成功）を重ね、徐々に自信をつけ、自分自身のマインドを変えていきたい。
>
> 第二に磨きたいのは、人を巻き込む力である。
> 大きなコトを成し遂げるには、多くの人を巻き込んでいかなければならない。振り返って私は、どうも1人の力でやってしまおうと考える傾向がある。これまでは、目標や取り組む課題が自分でできる範囲で収まっているのでそれでよかったのかもしれない。
> しかし、私もすでに社会人15年目。そうしたステージはもうクリアすべき段階に来ていると感じる。
> まずは、コミュニケーションの頻度を増やすとともに、相手の関心や感情の状態に気を配っていきたいと思う。また、相手の心に深く入り込む言葉を選ぶなど、自分自身のコミュニケーション能力を2レベルくらい上げることにチャレンジしていきたい。
> また、人を巻き込むためには、当然、他者からの信頼が必要だ。そのために、先にも述べたように、まずは小さなことから始め、アウトプットを出し続けるよう意識していきたい。機関銃のようにアウトプットを出し続け、仕事に対する周囲の信頼と自分に対する自信を固めたい。そのような土壌をつくれば、おのずと人を巻き込みやすくなると考える。
> そのうえで、取り組む仕事を大きくしたい。自分1人ではできない仕事をつくり、それに取り組んでいく。その過程で巻き込み力が身についてくると信じる。

前者と後者で伝えていることの本質は同じであるが、後者の方が、より強い思いを感じさせ、またより具体的にアクションが書かれていることから、上司からのサポートを引き出しやすくなるのではないだろうか。

なお、この例からもわかるように、思いを伝えようとすると、往々にして文章は長くなりがちである。冗長にならず、コンパクトさを意識しながらも熱い思いを伝えることが必要だ。

もう1つ例を見よう。以下の文章は、ある会社の人材紹介部門が、社内の他の部署に向けて、自分たちの今後の活動方針について報告をしたメールである。社内に自分たちのことを知ってもらうということがメインの趣旨であるが、それ以上に、自らのビジネスにかける熱い思いを感じられるのではないだろうか。

○

件名：新生A部門をよろしくお願いします！

各位

A部門では組織体制刷新にあたり、キックオフミーティングを合宿形式で実施いたしました。そこで決定した部門の今後の方針と、不肖私の感想をご報告いたします。

人材紹介というビジネスは、良いポジションを求める個人、そして人材を求める企業の両方がステークホルダーです。

ともすればどちらを優先させるべきか迷いがちですが、我々は今回の議論を通じ、今後は特に個人、しかも「Aクラスの人材」にフォーカスするという姿勢を明確に打ち出しました。「良いヒトがいるから、良い企業が集まってくる」という好循環こそがビジネス成功のカギと信じ、そのための仕組みづくりに邁進します。

議論ではまた、メンバー全員がワクワクできるような中長期的プランを語りつつ、そのプランを実現するために、では実際に「明日」からどうやって変わっていくかというアクションプランを明確に設定しました。各メンバーが目標を掲げ、今日から早くもその目標に沿って働き始めています。

今回の合宿を通して、メンバーが気持ちを1つにすることができました。また、これまでのA部門の基盤を築いてくださったすべての方に感謝しながら、これからのA部門を担うメンバーたちが志を新たにする、貴重な機会を得ることができました。

毎日ぐんぐん成長する組織を目指し、メンバー一同全速力で突っ走ります。

> 日本の「マネジメント人材のマーケット」は、A部門が動かしますよ！
>
> ---
>
> 以下は、私○○の個人的な感想です。
>
> 今回の経営合宿は、1月1日入社の私にとっては初めての経験で、正直、「何をするんだろう？」と不安いっぱいでした。しかし、中身は大変充実しており、「皆で議論した価値があった！」という納得感に満ちた1日となりました。
>
> 組織も一新されましたが、A部門として目指すところや、そのために個人として具体的にどう動くかという点が、すっかり腹に落ちた感があります。そして何より、1人ひとりのメンバーの、A部門に対する「なぜここにいるのか、ここを選んだのか」の理由を共有でき、「なんだ、皆同じ気持ちじゃないか！」と改めて感じ、「このメンバーとなら絶対やれる」という絆が強まったことが、正直、感動を受けた点でした。
>
> 熱い思いが満載だった経営合宿、このテンションを保ちながら、私自身も今期を駆け抜けます！

 これが以下のような文章だと、単なる業務連絡にすぎず、「協力しよう」というマインドが生まれにくい。読み流してしまい記憶に留めない人も多いだろう。

> ✕〜△
> 件名：新生A部門について
>
> 各位
>
> A部門では組織体制刷新にあたり、キックオフミーティングを合宿形式で実施いたしました。そこで決定した部門の今後の方針と、私の感想をご報告いたします。
>
> ---
>
> 我々は今回の議論を通じ、今後は最優先すべきメインターゲットを優秀な個人に絞ると

> いう方針に至りました。「良いヒトがいるから、良い企業がA部門にやってくる」という発想です。
>
> メンバー個々人のアクションプランも設定しました。各メンバーが目標を設定し、その目標に沿って働きます。各人の目標は、全体の目標をブレークダウンしたものです。今回の合宿をきっかけに、メンバー一同努力いたします。
>
> ぜひ皆様のご協力もよろしくお願いします。
>
> ---
>
> 以下は、私○○の個人的な感想です。
>
> 今回の経営合宿は、1月1日入社の私にとっては初めての経験で、正直不安いっぱいでした。しかし、中身は大変有益なものであったと思います。部門全体の方針が出たのは非常にいいと感じました。
>
> 自分自身の目標についても、「これならできるかな」と思いました。
>
> 私個人も頑張っていきますので、よろしくお願いします。

　ちなみに、思いの強さを伝える場合には、受動態よりも能動態を使い、「私は……信じる」などのように、第一人称を適宜示すことが効果的とされている。

●── 文章の構想段階から求められる思いの強さ

　思いを込めるというのは、最後のライティングのみのテクニックの話ではない。その準備段階、構想段階から始めるべきものだ。そうした段階から強い思いを持っておくことは、さまざまなメリットをもたらす。ここでは具体的なメリットとして3つ挙げる。

　①集中力やエネルギーが高まり、好奇心や能力開発、そして創造性へとつながる。これはさまざまな研究でも支持されている。強い思いがあるからこそ、知識や情報を貪欲に吸収し、それまでに誰も考えつかなかったような新しいアイデアが生まれてくる。

②思いは行動を促す。特に、ビジネスを大きく変えるような提案は、デスクで考えるだけではなかなか生まれない。実際に現場に出て顧客の動向を見たり、さまざまな人々と議論をしたりする中で、その種が育っていく。

③強い思い（を持っている人）は、それがよほどの空回りになっていない限り、常日頃から人を引きつける効果がある。そこには自社の同僚だけではなく、顧客や外部パートナーも含まれてくる。

では、どうすればこうした思いを高められるのか？　我々は、「自分の心の声を聞く」という点が最も重要だと考えている。強い思いあるいは内発的な動機は、人に与えられるものではない。あくまで自分で高め続ける必要がある。常に自分自身を振り返り、駆り立てる自問をし、自分が真にやりたいことを発見することが重要だ。

なお、「思い」に似た概念に「志」があるが、グロービスでは、「志」がどんどん大きなものに醸成されていくメカニズムとして**図表3-2**に示したフレームワークを提唱している（『志を育てる』グロービス経営大学院編著、東洋経済新報社、2011年を参照）。

思いの強化も一度で終わる話ではない。何度も何度もさまざまなことにチャレンジし、振り返り、自問をすることで、思いはより私的なものから公的、社会的なものへと質を変えながらパワーアップしていくのである。

Column：思いに社会性を込める

思いは、私的な思いだけでは、なかなか相手に響かない。それに加え、社会性を帯びた思いの方が、相手の琴線にも触れやすく、また大きなパワーを持ちやすい。「社会性」とは、自分を起点に、自らが責任を持とうとする範囲を広げていこうとする要素を意味する。社会性が増す、社会性が高まるということは、利己的な自分（自分中心で考えている）から利他的な自分（他人のことを考える比重が高まる、もしくは他人中心で考える）への変化を意味している（前掲書『志を育てる』より）。「自分自身のため」よりも「自分の身近な周辺のため」、さらには「組織全体のため」「社会全体のため」と社会性が広がり、利他性が増すにつれて、読み手に好印象を与えやすくなるのだ。

図表3-2　志の醸成サイクル

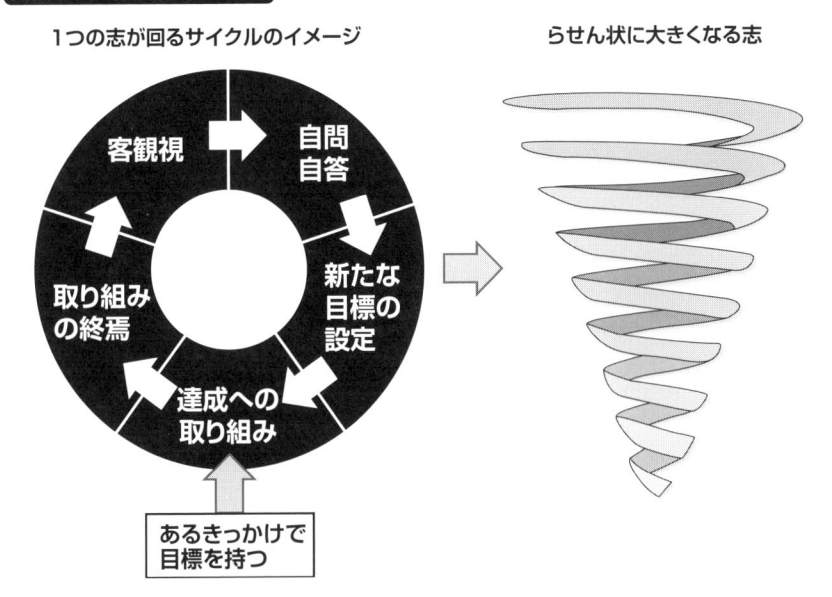

1つの志が回るサイクルのイメージ

- 自問自答
- 客観視
- 取り組みの終焉
- 達成への取り組み
- 新たな目標の設定

あるきっかけで目標を持つ

らせん状に大きくなる志

6● 書き手の人となりが伝わる

「熱い思いや信念を伝える」で書いたこととも重なるが、書き手の「人となり」が伝わることも、ビジネス文書では重要となることが多い。

　文章に綴られた言葉は、まさに人と人をつなぎ、何かを起こさせる原動力となる。何かを一緒に起こそうとする場合、「相手がどんな人か」をより深く知りたいと思うのは人間の自然な心理である。それゆえ、書き手の根源の価値観や生き方、思いが適度に表出しており、それに読み手が共感し、感情移入できることが、非常に重要となるのだ。

　その観点から言えば、すでに日常の接触頻度が高くなっている人に対する文章などは、改めて人となりを前面に出す必要性は薄いといえる。上司が、数年来一緒に仕事をしている部下に書くようなメールである。それに対して、同様に部下に対するメールであっても、新人に対してメールを書くのであれば、初期のうちは、自分がどんな人間かをわかってもらえるような配慮を盛り込むことは推奨されていいだろう。

　また、昨今は、ブログやツイッターといったより自由に物事を書けるメディアが広く普及している。個人事業主や、組織人であっても比較的プロフェッショナルに近い人間

(例：証券アナリストやコンサルタントなど）であれば、そうした情報発信の場において、自分の言いたいことだけではなく、「自分はどのような人間なのか」ということを多くの人にしっかり伝えることは、自分のキャリアアップやビジネス拡大上、非常に重要なポイントである。

　いったん読み手に人となりが伝わると、あえてそのイメージを裏切るような意外性のあるサプライズを提示し、印象づけることも可能である。たとえば、ネイティブ並みに英語を操れる人が、「語学なんて大して重要じゃない」などと書くようなケースである。浸透した自分の人となりや個性を武器に、読み手に意外性のある揺さぶりをかけるというテクニックにつながるのである。

　ここではその人の人となりがよく出ている文章を3例紹介しよう。最初の例は、元社員からの転職を知らせる挨拶メール（営業メールを兼ねる）であるが、ここではまず平板で人となりが伝わらない例から示す。

> ■✕〜△
> 　皆さんこんにちは。
>
> 　ご無沙汰しています。山田三郎です。
> 　来る10月1日より新たに△△社に営業担当の執行役員として転職することになりました。△△社は消費財企業向けのWEBデザインを手がける、社員50名の成長途上の会社です。いろいろと考えましたが、これも何かの縁と思い、転職に至りました。
>
> 　さて、私はもともと工学部出身で、当初はエンジニアになるつもりでした。その自分が営業という仕事をずっと続けてこられたのは、御社での15年の経験によるところが大きいと思います。特に5年にわたって指導いただいた酒田先輩には、いろいろと営業の心得を教わりました。それが、今回のキャリアチェンジにもつながりました。
>
> 　さて、これからは、御社は弊社の見込み顧客となります。私自身が直接うかがう機会も多くなると思いますので、また別の角度からいろいろお付き合いさせていただければと考えています。引続きご指導頂ければと思います。
>
> 　御社の益々のご発展と皆様のご健勝をお祈り致します。

皆さんこんにちは。

ご無沙汰しています。山田三郎でございます。
　来る10月1日より新たに△△社に営業担当の執行役員として転職することになりました。私にとっては、御社から〇〇社に転職したのに続く、人生2回目の転職となります。△△社は消費財企業向けのWEBデザインを手がける、社員50名の成長途上の会社です。

　もともと工学部出身だった自分が営業という仕事をずっと続けているのも不思議な感じがしますが、曲がりなりにも営業担当の執行役員のポジションに就くことができたのは、御社での15年の経験によるところが大きいと思います。最初の数年間は成績もいつもギリギリで、「ご配慮により辛うじて合格」というレベルでした。しかし、そこで得られた経験は本当に貴重なものであり、それこそが今の私を形づくっていると感じます。

　特に5年にわたって指導いただいた酒田先輩には、「営業は考えて動くこと」と繰り返し教わりました。毎日、業務日報と行動計画づくりに追われ、酒田先輩に鋭く突っ込まれて立ち尽くし、実際の営業活動との兼ね合いもあって、フラフラになるという日々の連続でしたが、先輩の熱意、そして一緒に仕事をした同僚の優秀さと向上心、現状に満足しない姿勢が大きな支えになりました。あの苦しい時期を乗り越えたという達成感が、今の自分の原点になっています。今回、新たなステップに進むにあたり、本当に感謝の気持ちでいっぱいです。

　さて、このたび、△△社にて営業の責任者となったわけですが、当然ながら、これは到着点ではなく、新たな出発点です。
　御社を「卒業」する際、最後の出社日に香川社長から、「実務を通してさらに勉強すること」「ビジネスに終着点はない」などのコメントをいただきました。その言葉を胸に、今日までずっと勉強してきましたし、これからもそのつもりです。常に今日は未来の始まりの日です。

　これからは、御社は弊社の見込み顧客となります。私自身が直接うかがう機会も多くなると思いますので、また別の角度からいろいろ勉強させていただければと考えています。引き続きご指導、ご支援いただきますようお願いいたします。

> 　長くなりましたが、御礼と現状報告に代えさせていただきます。終わりに御社の益々のご発展と皆様のご健勝をお祈りいたします。

　挨拶メールということもあって、ややかしこまった書き方はしてあるが、書き手の人柄の良さや前向きさなどがビビッドに伝わってくるのではないだろうか。それに対して前者の例は、いかにも平板かつ事務的でそっけない。後者のような文章を常日頃書いていれば、書き手の人となりは読み手にかなり伝わるはずだ。
　このメールに対しておよそ１時間後に返送されたメールが次のものだ。

> 　山田くん、ご無沙汰です。酒田です。
>
> 　僕の方こそ、当時はありがとうございました。
> 　僕としては、山田くんの頑張りがなければ、今の自分の姿もなかったであろうと確信しています。
> 　当時は自分としても若手指導で試行錯誤する中、さまざまなノウハウをドキュメントにまとめる手伝いをしてくれたこと、誠に感謝します。
> 　山田くん原作の「ちゃんとやる営業シリーズ」は、今でもバージョンアップしながら、我が社の秘伝奥義書となっています。
> 　20年前の就職セミナーでの出会いで、ぜひ山田くんを採用しよう！と決断させた直感は、我々にとって、神の啓示だったのかもしれません。
>
> 　ぜひ新天地でも、思う存分暴れてください。
> 　バージョンアップした山田くんを負けないで迎えられるよう、我々も努力していきたいと思います。ぜひ気軽に声をかけてください。
>
> 　それでは！

　元先輩ということもあってかなり砕けた書きぶりであり、こちらも人懐っこい人間性を感じさせる文章となっている。また、ビジネスは時間やタイミングも大きくものを言うものだ。厳密に見ればやや日本語としてはおかしなところもあるが、１時間後というクイックレスポンスでこうしたメールを返されて悪い気分がする人はいないだろう。時には、ややラフでも素早く書かれた文章が、うまいが遅い文章にはるかに勝るのである。
　やや極端な言い方かもしれないが、両方のメールとも、ビジネスは、最終的には人と

人とのつながりであるということの一端をうかがわせるものといえよう。

　もう1つ例を見よう。あるメルマガの文章である。牛肉の検査制度に関する考察から、「技術と制度」のあり方に問題を投げかけている。

> 　……残念ながら、トレーサビリティがとれているのは枝肉まで。さらに細かにした細切れ肉、挽き肉や、それらを使った加工食品は対象外なのです。だから、1個100円のコロッケを調べるために、10万円の検査費用がかけられている、というわけです。
> 　これと似たような話はいくつもあって、「ペットボトルに虫の死骸が混入していた」という顧客のクレームに「それは工場で混入したのではなく、お客様の開栓後に混入したものです」と反証するための分析技術を飲料メーカーが自ら必死で確立していたり、たとえば「これは、単なるコシヒカリではなく、魚沼産のコシヒカリなのです」といったことを立証できるよう、種苗段階で味には影響の出ないマーカー遺伝子を入れる研究が進んでいたり、食の安全・安心やブランドを守る科学技術の進展には限りがありません。
> 　そうした話を聞き、「凄いなぁ」と感嘆する反面、いつも思ってしまうのは、「本当にそこまでする必要があるの？」ということ。
> 　科学技術によって間違いが起きないようにすることは、もちろん大切ですが、不正を起こすのは常に人であり、技術で人は縛れません。安全の追求や真贋判定のための技術の精査の尊さは十分に知りつつ、根元をたどり、人や、人を不正に走らせない組織をつくる営みを両輪で走らせない限り、イタチゴッコは、どこまでも続くのだろうなぁ、と、強く感じてしまったりします。
> 　不正事件が起きるたびに、大量の、まだ食べられる物が廃棄されていることも、個人的にはとても胸の痛むことです。

　こちらは、問題意識や価値観、独自の視点が自然に伝わってくる文章といえよう。先のメールの文例とは異なる意味で、書き手の人となりが垣間見える文章といえる。

　一般に、書き手の人となりを感じさせ、良い印象を与えるような文章の特徴としては以下がある。

- 言いたいことが明確
- 視点が斬新（新しいものの見方を提示している）
- 豊富な知識を持っていることを垣間見せながらも、それらをひけらかさない
- 誠実に伝えよう、受け答えしようとしている

- 自信と謙虚さの両方のバランスが良い。「上から目線」でも「高飛車」でもなく、また必要以上の「へりくだり」がない
- 「自然体」で必要以上に飾っていない
- ときどき等身大の「人間の弱さ」が垣間見える（もちろん、馬鹿正直に自分の弱点、例えば特殊な持病がある、などを前面に出す必要はない）
- 読み手の心情への配慮や思いやり、「人」というものに対する愛情や関心が感じられる

逆に言えば、上記と反対のことをやれば、ほぼ間違いなく人に嫌われる人物として認識されるだろう。特に、以下のようなことは、よほど考えたうえでの戦略性でもない限りは避けるのが望ましい。

- 他人を必要以上に貶める
- 皮肉や婉曲的な嫌味が多い
- 罵詈雑言、罵倒の言葉が多い
- 安易な決めつけ、レッテル貼りをする
- まずは（人格面も含めて）相手の否定から入る

こうした要素を含む文章は、自分の立場を誇示する、あるいは単に負の感情を相手にぶつけることで、自分の精神安定を図ろうとする意図からなされることが多い。

しかし、これらは、読み手の心をプラスの方向に動機づけたり、生産性を上げることにはまずつながらない。つまり、刹那的に自分のプライドを守れたり、感情の発露はできたりしても、人や組織を良い方向に動かすことにはつながらないのだ。ビジネスリーダーを目指すならば、ぜひそうした「べからず」も意識しながら文書を書いていただきたい。

これらに加えて、もう1つ避けたいこととしては、

- 一般には受け入れにくい持論を堂々と主張する（例：「子どもがいない人間は一人前ではない」「○○党の支持者は愚かだ」など）

がある。思想の自由、発言の自由はもちろん守られるべきであるが、ビジネスパーソンがそれをどう公開するのが適切かは、また別問題だ。ビジネスと直接関係のない、多くの人に非難されそうな極論を表に出すことは、通常は、避ける方が賢明である。

もちろん、あえてそうした極論を出すことで議論を喚起したり、いわゆる「空気」に流されそうな人々に一石を投じたりしたいという趣旨であればその限りではないが、その場合も、自分が少数派という自覚を持って、コミュニケーションの方法には細心の注意を払いたいものである。

Column：読後感を意識する

　本章で説明してきた思いの強さや人となり、あるいは次章で解説するトーンとも関連する要素であるが、人に何か行動を促す文章の場合、文章を読んだ後に、読み手が良い読後感を抱けるということも重要だ。具体的には、希望が湧く、自信が持てる、ワクワクするなどである。

　世の中には、それとは逆に、書いているメインの中身そのものは正論でも、非常に読後感の悪い文章を書く人がいる。仮に正論であったとしても、読み手が「何となく嫌な感じ」「胡散臭げな感じ」を持ってしまって共感できない、動かない、というのでは、ビジネスにおいては望ましいことではない。

　ビジネスの文章は、単に内容を伝達するだけではなく、（多くの場合）前向きのポジティブな感情を伝達するものだという意識は強く持ちたいものである。

●── 自分を大きく見せようとすると失敗する

　ここまで述べてきたことはある意味極端な例であり、ある程度経験を積めば、自然と身につくものが多い。以下では、それ以外のポイントについて触れよう。

　多くの人がはまってしまいがちな落とし穴は、「自分を等身大以上に見せようとしてしまう」という落とし穴だ。これは人間の習性ともいえる。

　特によくやってしまうのが、わざわざ難しい言葉を使ったり、不要な引用（特に、いわゆる「インテリ」しか知らないような文言）をしたりすることで、自分を賢く見せようとするケースだ。

　筆者は、これは決して望ましいやり方だとは思わない。難しい言葉や表現を使ったり、気取った引用をしたりすれば賢く見えるというのは、書き手、読み手双方の悪しき思い込みだと思う。その背景にあるのは、大学の先生からの影響（教室での発言や、メディアでのコミュニケーションの仕方など）や、新聞、特に政治面や経済面の影響ではないだろうか。

12ページでも述べたことだが、あくまで主張そのものやロジックをしっかり「賢いもの」にしたうえで、言葉遣いなどの表現は、極力皆がわかりやすいものにするというのが、本当に賢さを伝える近道であろう。
　「等身大以上に自分を見せよう」としてやってしまいがちなパターンとして、「自分は、こういうプロジェクトに携わった」「(あの著名な)○○さんをよく知っている」などと、自分のスキルや経験、ネットワークを過大に誇示しようとすることがある。特に、仕事を獲得するための文章、たとえばプロフェッショナル系の職業人のブログなどでありがちなケースだ。
　これは、営業上のテクニックの1つでもあり、また、顧客になめられないようにするために必要悪として用いなくてはならない場合もあるだろう。また、あえて背伸びをすることが、自分の能力開発につながるケースも確かにある。つまり、全面的に否定されるべきものでは決してない。
　問題は、その程度である。あまり背のびしすぎると、すぐに化けの皮がはがれるし、かえって自分を追い込んだり、信頼を失ったりする結果になってしまう。あくまで等身大の自分を知ったうえで、過度に背伸びしすぎない自分を演出することが必要だ。そのバランスは非常に難しいが、「実際の自分」と「こう見られたい自分」の適切な距離をしっかり考えることが必要だ。特に、まだビジネスの実績の少ない人間ほどこうした問題の影響を受けやすいので、慎重に検討したい。

●――個性の打ち出し方を間違える

　個性の打ち出し方が不適切、というケースもある。個性とは、別の表現をすれば、「他者との違い」「一般人との差異」でもある。そうした要素があるからこそ、読み手の記憶に留まりやすいともいえる。ただ、その差異をどう表すかによっては、読み手の大多数から「何だか変わった人」「マニアックだけど、自分とは合わないな」などと思われかねない。目立つことは決して悪くはないのだが、「悪目立ち」はやはり避けたい。

　たとえば、筆者は長年のアメリカンフットボール、特にNFL（National Football League：アメリカのプロフットボールリーグ）のファンであり、自分の1つの個性だとも思っているが、以下のような文章を書いたら、読み手はどう感じるだろうか。

> 　○○社のA社長はいわばビル・ウォルシュ、△△社のB社長はそれに対してビル・パーセルズに例えられるでしょう。そう考えると、A社長のもとで直接働いたことのある□□社のC社長は、マイク・ホルムグレンといったところでしょうか。

> そう考えてみると、C社長が泥臭いどぶ板営業を嫌ってウェストコーストオフェンスに執着するのも仕方ないですね。

　非常に個性は出ているが、これでは相手がアメリカ人（特にスポーツ好きの中年男性）ならともかく、日本のほとんどの読み手には伝わらないし、「妙にマニアックな奴だ」という印象しか残さない可能性が高い。もちろん、中には、「おっ同志がいる！」と喜ぶ読み手もいるだろうが、おそらくそれは（残念ではあるが）かなりの少数派のはずである。
　自分の個性を、相手に印象を与える武器として使うことは意識しながらも、どのような個性が多数の読み手に伝わるのかの感覚値は持っておきたいものである。
　なお、対象とする読み手によっては、自分では「たいした個性ではない」と思っていることが、実は際立った個性になっていることがある。たとえば、20代前半の女性向けに文章を書く際、書き手が中年男性であれば、

- そもそも男性である
- 昭和時代の記憶がある
- 子どもがいる

といった、本人にとっては平凡でしかないことが、読み手にとっては個性となりうるケースもあるのだ。逆に、ある集団では個性的なことが、別の集団ではまったく当たり前のものになってしまうこともある。こうした意味からも、第1章で説明した、読み手の理解の重要性がわかるだろう。

　本章では、「記憶に残る文章」のためのさまざまなテクニックや心構えを説明してきた。言うまでもないことだが、ここで説明したことはあくまで原則論であり、すべてのシーンで常に当てはまるわけでは決してない。状況に応じて臨機応変に考え対応していただきたい。

第4章

目的に合った構成、トーンにする

POINT

全体として同じ内容を含んでいるからといって、どのような順番やトーンで書いてもいいわけではない。目的や読み手の状況を意識しながら、理解や行動を促す構成、トーンを意識する必要がある。

CASE

高田優子はシステムサービス会社AtoZシステム社の中堅営業担当者である。最近、業界内で競争が激化していることもあって、新規営業に既存顧客維持にと、席を温める暇もないほどの忙しさである。

多忙を極める高田であったが、明るく気持ちの良い人当たりと爽やかな弁舌、機敏な受け答え、そして美しい声などの理由から、社内で開かれる新規顧客向けのセミナーのスピーカーとしても引っ張りだこであった。

そんな高田に、ある日、翌日のセミナーのリコンファーム（確認）のメールが来た。差出人は営業部の新人社員、田中である。田中は、翌日のセミナーでは事務方として司会進行役をする予定であった。

件名：講演準備に関して

高田様
いよいよ、ご登壇をお願いしていた講演が明日に迫ってまいりました。

つきましては、事前にいくつかご連絡したいことがあります。
何卒よろしくお願いします。

まず来場者ですが、以下のようになっております。全部で26社です。多くの企業が、部長職以上の管理職を派遣されています。ご覧いただくとおわかりのとおり、サービス業と製造業が概ね半々となっています。年齢はおそらく、40代後半から50代前半が多いものと思われます。部署はさまざまですが、企画や人事といったコーポレイト部門が多い傾向にあると思慮します。

A社／人財戦略室／マネジャー
B社／アソシエイト

C社/事業戦略/担当部長
D社/プロジェクト統括/Global Project Leader
E社/間接財調達部/教育担当
F社/社長室/室長
G社/総務本部/部長
H社/経営企画部担当/取締役
I社/コンサルティング室/シニアコンサルタント
J社/人事総務部/部長
K社/投資/ディレクター
L社/人事・総務部/責任者
M社/グローバルマーケティング本部企画部/マネジャー
N社/アドバイザリーグループ/コンサルタント
O社/経営企画室主事
P社/営業本部/取締役
Q社/人事総務管理部/係長
R社/マーケティング部/プロデューサー
S社/人事部キャリア開発グループ/部長代理
T社/化学品第二本部業務部人事室/マネジャー
U社/中期経営計画立案プロジェクト/担当リーダー
V社/経営企画室/室長
W社/社長室/社長室長
X社/生産統括本部/人事総務マネジャー
Y社/新規事業室/副部長
Z社/企画本部/リーダー

時間でございますが、14：10に開場、14：30から開始の手筈となっております。池田部長の方で高田様をご紹介した後、バトンタッチいたします。講演は16：00までとなっております。最後にマイクを池田部長にお戻しください。

なお、池田部長ですが、顧客訪問の都合により、開場の時間までには戻って来られない可能性があります。その際は、小職がご紹介をしますので、あらかじめお知らせします。

池田部長は、最後の締めの挨拶には確実に間に合いますので、最後は池田部長にマイク

> をお渡しください。
>
> 最後にお願いですが、諸準備の都合上、開始の10分前には必ず会場までお越しいただくようご配慮いただければと思います。

　高田はメールを読みながら心の中でこうつぶやいた。
「なに？　社内なのにこのよそ行きのトーン。それ以上に構成に問題ありね。田中君の指導役は誰かしら？　この手の文章の書き方くらいはちゃんと指導してもらわないと困るなぁ」

第4章　目的に合った構成、トーンにする

解説

　第2章で、主張をファクトでサポートする方法論については述べた。ただし、全体を通して読むと同じことが書かれていたとしても、それを伝える順序やトーンで読み手の印象はずいぶん変わるし、行動に移す移さないにも影響が出ることがある。
　本章では、まず、目的に即した構成やストーリーライン（ストーリーの流れ）と、その構成を反映した外形について紹介していく。後半では、目的に配慮したトーンについて簡単に触れる。

1● 構成、ストーリーラインに配慮する

　まずは、全体の中身をどのような順番で伝えると効果的かという点について考えてみよう。これは数行程度の短い文章であればさほど重要ではないが、文章が長くなればなるほど、その重要度は増していく。レポートなど、ある程度の分量の文書になると、この部分の重要度はさらに大きくなる。

　最初に、冒頭ケースのメールで何が問題だったか考えてみよう。そもそも田中が高田に最も確実に伝えなくてはならないポイントは何だろうか？　おそらく、講演開始の10分前に会場に来てもらうことだろう。
　それにもかかわらず、それはメールの最後の2行に少し触れられただけで、文章のほとんどは出席者名簿で埋まっている。極端に忙しい人など、人によっては、その分量に気圧されてメールを丁寧に見るのを止めてしまい、最後の2行を見落としかねない。
　本来、今回のような伝達メールの場合は、絶対に読んでほしいことは早めに書くということが鉄則だ。「補足情報－必達事項」の順ではなく、「必達事項－補足情報」の順で書くということだ。電子メールで、3スクロールもしないと一番重要な話が出てこないようでは失格である。
　今回のメールは、ただでさえ伝える順番が適切でないことに加え、分量の問題もある。人間は、より多くの文字数を使って説明されたことを重要なことと認識する習性があるものだ。それにもかかわらず、今回のケースでは、ただでさえ長い名簿に、見ればわかる説明をわざわざつけている。書き手の田中としては、忙しい高田のために情報を編集したつもりなのかもしれないが、このケースでは、長くて読みにくいメールにさらに付加価値の低い文章が追加される結果になっている。高田が嘆くのも無理はないだろう。
　以下のように書けば、もっと的を射たメールとなったはずだ（後述するトーンについて

も少し修正している)。

> **修正例**
>
> 件名：講演準備に関して
>
> 高田さん
> いよいよ、ご登壇をお願いしていた講演が明日に迫りました。
>
> 当日は14：30分開始の予定ですが、諸準備もありますので、14：20分までには会場にお越しいただくようお願いします。
>
> 具体的な進行は以下のようになります。
>
> 14：10　開場
> 14：30　開始：池田部長冒頭挨拶、高田さん紹介→高田さんへ
> 16：00　高田さん講演終了→池田部長締めの挨拶
>
> なお、池田部長は顧客訪問のため、冒頭の挨拶に間に合わない可能性があります。その場合は、私が冒頭の挨拶と高田さんのご紹介をします。ご了承ください。
>
> 以下に明日の参加者リストを添付しましたので、お時間があればお目通しください。よろしくお願いします。
>
> ──来場顧客（26名）──
> 　（以下略）

　もう１例、言いたいことはわかるのだが、構成のせいでややわかりにくくなっている例を紹介しよう。部下が上司に宛てた、自分の目標に関する文章である。

> ✗
>
> ### 今後、取り組むべきこと
>
> 　以前、ある先輩に「君はどうもプロアクティブに動くのではなくて、受け身の傾向が

あるね」と言われたことがあります。
　自分の行動を振り返ると、常日頃から積極的に情報をとりにいく姿勢が弱いと思います。その点、同僚のA君なんかは、社内のメーリングリストにどんどん書いたりして、自分で情報を発信し、それが情報収集にもつながっていると思います。また、彼の場合、いろいろな人とランチをとるなどして、ネットワーキングに熱心だと思います。そういうのを見ると、重要なのは、やはり自ら発信することではないかと思います。社内においては、情報の流れは多くあるので、情報を持っている人にメールや電話でも相談できるよう、主体的な動きが必要だと思います。
　顧客企業も同様で、なかなか社外の人間からの強引な関与は逆に壁をつくってしまうので、まずは自分から発信していくことではないかと思います。
　こうすることで、「こと」を起こすのに必要なネットワークをつくりたいと思います。

　また、今の自分を振り返ると、「下手な謙虚さ」と根拠のない自信しか持ち合わせていないように感じます。
　メンターを持つことが、自身を客観的に見る一番の早道ではないかと思います。自分のできること、できないこと、自分の発言が周囲に及ぼす影響、他者からの評価など、冷静に現実を見ることが必要だと思うからです。

　「何かをする」という打ち手ではなく、結果としてどういう「状態」にしたいのか、イメージしておくことで、そのために関係する人や組織がどのように変化すべきかが見えてくると思います。
　何か事を起こす際に、時間軸というものをしっかり考えられるようになりたいと考えます。そうするとおのずと、変化に必要な時間も考えられるのではないか、と考えています。
　とにかく「何かをする」ということにフォーカスするのではなく、結果として「どうなりたいか」というゴールをしっかり見据えていきたいと思います。

　以上、よろしくお願いします。

　長い文章ではないので、書き手の意図はまずまず伝わっては来るが、読み手としては全体的あるいは個別パートでつながりがわかりにくく、読んでいてストレスを感じるだろう。
　たとえば、第1段落は、自ら情報発信をするという話とネットワーキングの話が混在

していて、いかにも流れが悪い。第2段落は、「また」という接続詞で始まるが、第1段落との関係はよくわからない。また、2つ目のセンテンスが飛躍しすぎて、なぜこのような結論が出てきたのかよくわからない。そして第3段落も、最初の2つのセンテンスのつながりが悪いため、それが3つ目のセンテンスにどう関係してくるのかがわかりにくい。

　全体的に、読み手の理解をスムーズに促す構成になっておらず、読み手の上司としても、どうサポートしてほしいのかがわかりにくい文章といえよう。さらに言えば、ほとんどのセンテンスが「……思います」で終わっていることもあり、真剣度合い、コミットメントがやや薄く感じられる点も気になる。

　構成を変え、読み手のストレスを軽減したものが下記の文である。大きく変えたポイントを挙げておく。

- 最初に全体の構成を示し、順次、それについて説明することを宣言することで、読み手の頭の中に内容に関する予想、期待を植えつけた。また、中見出しを入れることで、何を語っているパートなのかが明確になるようにした。
- 3つのパートそれぞれで、盛り込む内容の順序を合わせた。つまり、まず「自分の現状」、次に「何が必要か」を示し、そして「そのために具体的に何をすべきか」「何を上司に期待するか」という順序に極力統一した。ただし、あまりにフォーマットを揃えすぎると全体が単調になることがあるので、そうした単調さを感じさせないような表現上の工夫はしている。
- 3つの大きな段落の順序を変えた。自分が優先的に取り組む順序であるということを明確にした。
- （構成ではなくトーンに関する修正だが）文章の目的を考え、断定の表現を積極的に用いた。

リーダーとして成長するために取り組むべきこと

　私は、これまでにさまざまな優秀なリーダーの方々とお話しする機会に恵まれました。彼らと自分の差異を考えた時、特に次の部分が大きなギャップとして横たわっていると感じるようになりました。

　①何か事を起こす時に、「あるべき姿」を考え、そこから時間軸を考える

②自信と謙虚さを併せ持つ
③社内外に強力なネットワークを持つ

　私は、この3つのギャップを埋め、ビジネスリーダーとして成長すべく、以下の点に取り組みます。ぜひ、日常業務の中で不足を感じられた点や、お気づきの点があればご指導ください。

①**「あるべき姿」を考え、そこから時間軸を考える**
　今までは、とにかく「何かをする」ということにばかり目を奪われ、結果として最終的に望ましい効果がもたらされないということが多々ありました。
　今後はまず、「どうなりたいか」というゴールをしっかり見据えていきます。つまり、何かをした後の「状態」をしっかりと見据えることです。それをイメージしておくことで、そのために関係する人や組織がどのように変化すべきかが見えてくると考えます。これを最も重要な課題として取り組んでいきます。
　そうすればおのずと、説得のために必要な時間や、エネルギーを維持できる時間など、時間軸のことも考えられるようになり、より的確なアクションがとれるようになるのではないかと考えています。ぜひ、適宜相談に乗っていただければと思います。

②**自信と謙虚さを併せ持つ**
　今の自分を振り返ると、「下手な謙虚さ」と根拠のない自信しか持ち合わせていないように感じます。
　「下手な謙虚さ」というのは、自分はまだまだ未熟者だと自信が持てていないだけで、自分に今できることとできないことを具体的に把握しているのとは違う状態です。また、根拠のない自信というのも、何か実績を残したとか努力したという自信ではなく、「なんとかなる」という根拠のない楽観だったと思います。
　今後は、自分のできること、できないこと、自分の発言が周囲に及ぼす影響、他者からの評価など、冷静に現実を見、必要なスキルを伸ばすことを心がけます。
　そのための第一歩として、いわゆるメンターを見つけることが、自身を客観的に見る一番の早道ではないかと考えています。これを第二に重要な課題として取り組んでいきます。もしお心当たりに適切な方がいらっしゃれば、ご紹介願います。

③**社内外に強力なネットワークを持つ**
　最後に、今の自分には、何か事を起こそうとした時に協力してくれるネットワークが

> まだまだ不足していると感じています。
> 　ネットワークづくりのために、まず社内においては、情報を持っている人にメールや電話ですぐ相談できるよう、主体的に関係構築していくことが必要です。
> 　そのためには、自ら発信することも重要になってきます。発信していくことで、自分を知ってもらえるし、組織のメンバーからの反応ももらえるからです。
> 　顧客企業も同様で、自らを知ってもらうことも含めて、発信していくことがカギではないかと考えています。
> 　これについても適宜フィードバックをお願いしたいと考えます。
>
> 　以上の３点について積極的に取り組んでいく所存です。ご指導よろしくお願いします。

　人間は、文章を読む時に、次にどんなことが書かれているかを予測しながら読むものだ（それを明示する最も典型的かつ便利なツールが、第１章でも触れた目次や見出しである）。

　文章には典型的な流れがいくつかある。状況に合わせてそれらを使い分けると、読み手の頭の中にスッと内容が入るし、望む行動をとってもらいやすくなるのである。

◉──── ストーリーラインの役割

　文章の構成を考える際に役に立つのが、ストーリーの流れを示す、ストーリーラインという概念だ。ストーリーラインの役割は、読み手を自然に文章の内容へと導き、理解を容易にし、行動に導くことである。ストーリーラインは、通常の文章にも使えるし、パワーポイントなどを用いたプレゼンテーションにも応用可能だ。

　自然なストーリーライン、言い換えれば、読み手の自然な予測に沿っているストーリーラインの例としては以下がある。

- 全体像－個別（－全体像の再確認）
- 導入－問題意識　－メイン（－締め）
- 序論（導入）－本論－結論
- 結論－理由（－具体策）
- 起承転結、序破急

　中には、入れ子構造をとったりして複合するケースもある。たとえば、

序論（全体像）－本論（個別パート１）－本論（個別パート２）－本論（個別パート３）－

結論

といったパターンだ。

こうしたさまざまなタイプはあるが、結局ポイントは、重要な主張（特に行動を促す場合）をしっかり理解してもらうと同時に、極力「一気通貫」で読んでもらうことである。四角四面に１つの型にこだわるのではなく、目的や状況に合わせて、自在にさまざまなストーリーラインが使えるよう準備しておきたい。

2 実務的なストーリーライン

ストーリーラインには先述したようにさまざまなものがあるが、比較的長めのビジネス文書で多用される、より具体的な型として、ここでは以下の４つを簡単に紹介しよう。

❶ トップダウン型

第２章51ページの文例が典型的だが、ピラミッド・ストラクチャーに忠実に、結論をまず語り、続いてその根拠や説明を示していく流れである（**図表4-1**）。最後にダメ押しでもう一度結論を再提示することが多い。読み手が経営者などのように時間価値が高い人の場合や、背景がある程度共有できている場合などに有効である。

図表4-1 トップダウン型

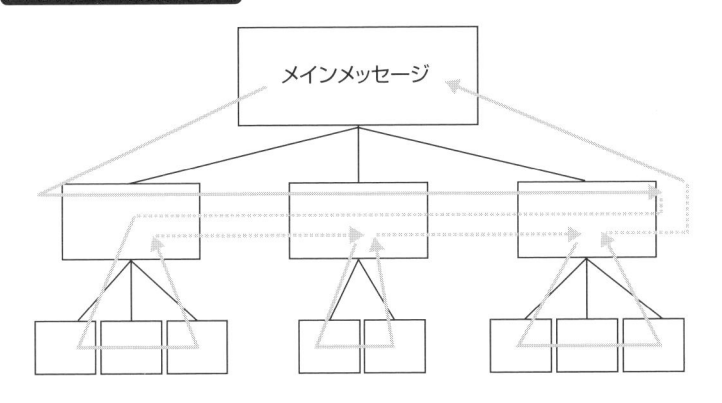

書き手の立場からすれば、ピラミッド・ストラクチャーをそのまま移植する形なので、構成を考える負担が比較的少ない書き方ともいえる。なお、このスタイルをとる場合で

も、イントロとして簡単な状況共有をする場合も多い。

〈例：事業の売却提案〉
（イントロ 「X事業のあり方が問題になっている」）
↓
結論「X事業は売却すべきだ」
↓
理由①「X事業はこれからの成長が見込めない」
↓
理由①の根拠１「国外への展開は見込めないが、これから国内市場は少子高齢化の影響などで縮小する一方である」
理由①の根拠２「○○○」……
↓
理由②「X事業を売却することの全社的悪影響は小さい」
↓
理由②の根拠１「X事業は本社のメイン事業ではなく、他事業へのシナジーも小さい」
理由②の根拠２「△△△」……
↓
理由③「従業員の解雇などの骨の折れる問題を回避できる」
↓
理由③の根拠１「すでに従業員ごと引き取ってくれる買収先が２社、水面下で接触してきている」
理由③の根拠２「□□□」……
↓
結論（再確認）「X事業は売却すべきだ」

❷ 問題解決型
　問題点を指摘し、その要因分析を示したうえでとるべき解決策を提示するストーリーライン。まずは読み手の関心のある急所をついて興味を引き、ロジカルに原因分析をした後で解決策を提示し、説得力を増すことを狙う。流れが明確なので、読み手に時間のある時には非常に有効である（**図表4-2**）。

〈例：会計系コンサルティング会社の潜在顧客への文書〉

問題提起「貴社では適切にPDCAが回されておらず、問題解決が後手後手になりがちだ」
↓
要因分析「貴社の管理職にヒアリングを行ったところ、旧来型のKPI（売上げ、販売数など）の測定に留まっており、各事業の事業特性に根差したKPIの設定や測定、報告がされていない。言い換えれば、経営状況の『見える化』がなされていない」
↓
解決策提示「貴社の各事業の事業特性に合わせたKPIを設定し、測定、報告のうえ、迅速な問題解決につなげていくべきである」
↓
アクション「弊社はこうした管理会計、オペレーション制度改革のコンサルティングで○○の実績があるので採用すべき」

図表4-2　問題解決型

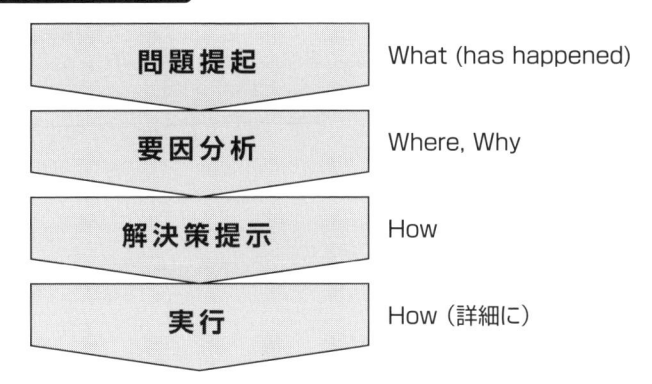

問題提起	What (has happened)
要因分析	Where, Why
解決策提示	How
実行	How（詳細に）

　なお、このストーリーラインは、経営大学院などで用いられているケースメソッドのレポートにも応用しやすい。なぜなら、ケースメソッドでは、質問はシンプルに言えば、

　①何が問題なのか？　なぜそうした問題が発生したのか？
　②それに対するアクションプランを述べよ

といった2つにほぼ集約できるからである。ケースメソッドはビジネスの意思決定の仮想体験であるから、結局、このストーリーラインは、ビジネスにおいて（特に問題解決

のシチュエーションにおいて）多くの場合有効なのである。

❸ 起承転結（序破急）型
　ある程度の現状に対する同意を得たうえで、根拠を提示し、伝えたいメッセージを伝え、最後に締めるという方法論。起承転結はもともと漢詩や散文、短編小説などに用いられるストーリーラインで、変化をつけたり、徐々に高揚感を盛り上げていくには適したタイプである（**図表4-3**）。
　また、いきなり結論を書いてしまうと読み手の気分を害するようなケース（例：読み手に思い入れがある事業からの撤退、顧客にとって耳の痛い勧告など）で、まずは現状をしっかり認識してもらい、外堀を埋めるような場合にも有効である。
　「序破急」は、「序」が「起承」に相当していると考えればよい。起承転結に比べると、やや結論を急ぐ形である。それとは逆に、「起承転『転』結」とでも呼ぶべき、やや凝った構成もある。これは、本論部分で起伏をつけ、何度も相手の頭を揺さぶる効果を狙っている。
　なお、順序としては起承転結であっても、それを再構成すれば、全体としては第2章で紹介したようなピラミッド・ストラクチャーになっているのが理想である。

図表4-3　起承転結（序破急）型

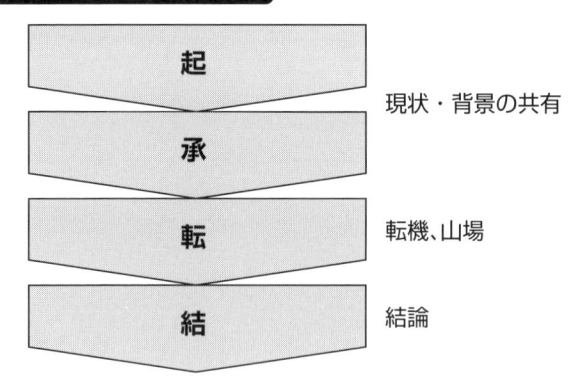

起	現状・背景の共有
承	
転	転機、山場
結	結論

〈例：事業Aに関する対策〉
起「事業Aの業績が伸び悩んでいる」
↓
承「それと絡んで、○○○の問題が起きている。他の事業への悪影響も懸念される」

↓
転「ところで、競合のB社では△△△の取り組みをして成功した。また、市場の声として、以下のような話がある」
↓
結「A事業に関しては、このままではジリ貧だ。今までのやり方をいったん忘れ、以下の対策を速やかに実行すべきではないだろうか」

❹ 物語型

「なぜなら」という形で理由を示すのではなく、読み手のイメージを喚起するような（未来の）物語（ストーリー）をしっかり説明し、人々のポジティブかつビビッドな感覚を刺激することで説得する際に用いる手法。

　物語は、語り手の感情や思いを強く入れ込むことも比較的容易であるため、相乗効果で相手の情動に働きかけやすい。また、人間はまさに物語として一連の事柄を記憶する習慣があるので、良い物語にできると、読み手の記憶に長く留めてもらえ、行動につながりやすい（さらには他の人にも説明してもらいやすい）という効果もある。

　実際、「○○すべし。理由１、理由２、理由３、理由４……」あるいは「○○すべし。施策１、施策２、施策３、施策４……」と説明を受けても、意外と人間は忘れてしまうものだ。特に理由や施策が４つ以上の場合、それは顕著である。それに対して物語は、１つひとつが個別の事柄ではなく、流れ、つながりとして認識されるため、全体としては記憶に留まりやすいのである。

　ちなみに、M. パーキンは、『人を動かす50の物語』（ディスカヴァー・トゥエンティワン、2004年）において、物語のフォーマットを次の８つの構成要素で表現している。

　①現状──私たちが主人公と一体化する
　②きっかけ──何かが起こり現状のままでいられなくなる
　③探求の旅──課題に対処する
　④驚き──ストレスや脅威の本当の要因と出合う
　⑤重大な選択──板ばさみ状態によるジレンマ
　⑥クライマックス──決断し何かを選択する
　⑦方向転換──決断の結果として変化が起こる
　⑧解決──方向転換が成功する

　ピラミッド・ストラクチャーで考えたことを、上記８つをすべて満たす物語に構成し

直すことは決して容易ではない。しかし、多くの人々に強く印象づけたい場合は、あえて挑戦することも考えてみてよいだろう。

また、文章すべてではなく、特に記憶に残してほしいパートだけを物語的に書くというやり方も可能である。

〈例：新戦略の説明〉
結論「我々は、今後、×××の戦略に沿って事業運営を行う」
↓
物語「これを実行すると、顧客は○○のような反応を示すことになる。それに対して、我々は△△を行い、それがさらに□□の効果をもたらす。それはさらに……そして最後には、☆☆というビジョンに至り、皆を幸福にするのだ」
↓
結論（再）「こうしたことを実現し、長期にわたる競争力維持と組織活性化を目指していく」

◉──── **ストーリーラインの例**

ここで１つストーリーラインの観点から文例を見てみよう。これは筆者が自社のオンラインマガジン（読者層は主に、経営に関心を持っているミドル）に書いたおよそ3000字のコラムである。目的は、経営理念というものが企業経営、特に従業員のモチベーションに与えるインパクトを、実例を通して感じてもらい、ビジネスリーダーとしての参考にしてもらうことだ。さらには、このコラムは連載なので、我々が経営理念ということに大きな関心を抱き重視しているということを、法人顧客やオピニオンリーダーに知ってもらうことも意図している。その意味では、直接的・短期的な行動を迫る文章ではなく、「遅効型」の文章ではあるが、１つの参考として見ていただきたい。

> **コラム：経営理念**
>
> **公文教育研究会 「健全にして有能な人材の育成をはかり地球社会に貢献する」**
>
> 　国内で150万人、海外で270万人の学習者数を誇る公文式。50カ国に迫るグローバル展開を支えているのが、同社の理念と、それに賛同する人々だ。今回は、公文の強力な理念経営を見ていく。

■公文の理念
われわれは
個々の人間に与えられている
可能性を発見し
その能力を最大限に伸ばすことにより
健全にして有能な人材の育成をはかり
地球社会に貢献する

「生きる力」を学ぶ
　全世界でおよそ2万5000の教室と420万人超の学習者を誇る"KUMON"。読者の中にも、自分自身がかつて利用者だったり、現在お子さんが利用されていたり、という方は多いはずだ。近年、サービス内容や対象者の年代は広がりつつあるが、その中心を占めるのは、公文式教室における「算数・数学」「国語」「英語」（日本の場合）の児童教育であることはよく知られているところだ。

　公文のユニークな点はいろいろあるが、その中でもまず指摘できるのが、いわゆる「受験教育」を優先してはいない点であろう。同社が学習者に身につけてほしいと考えているのは、「(将来の)生きる力」だ。そのベースとなるのが、基本的な学力（読解力、論理思考力など）であり、自己肯定感、自発的に学ぶ姿勢である。こうした心のあり方、能力、態度を育むために、「公文メソッド」と呼ばれる独自の教材や教育方法を採用している。

　「1人ひとりに合わせて」「楽しい」「励ます」「自信がつく」「自分からやる気になる」──公文メソッドを表すキーワードは多々あるが、先述した基本学力、自己肯定感、そして自発的に学ぶ姿勢を高め、最終的には「生きる力」を高めようとする姿勢は一貫している。

　公文の創始者である公文公（くもん・とおる）氏は、もともと高校の数学の教師であった。彼が、小学生の自分の子どものために独自の教材をつくるところからスタートしたのが公文メソッドであり、50年以上の歳月をかけてブラッシュアップされてきた。

　途中で、「もっと受験に適した教材にしてほしい」という要望も数多く寄せられたようだが、公文氏は断固としてそうした要請を受け入れなかったという。長い目で見た子ど

もの生きる力を伸ばすことに強いこだわり、信念を持っていたからだ。そうした信念が、強固なメソッドのベースにあるのは間違いない。

どうしてこれだけ広まったのか。これもよく知られている話だが、公文はフランチャイズ方式をとっている。成功するフランチャイズにはいくつかの条件があるが、その1つは、ノウハウやメソッドが確立しており、確実性高く再現できることだ。だが、それだけでは十分ではない。

「やる気」が「やる気」を生む

もう1つの重要な必要条件となるのが、加盟者や関係者の強力なモチベーション（やる気）である。モチベーションがあるからこそ、苦境も乗り切れるし、前向きなアイデアが出てくる。これはあらゆるビジネスに共通する話だが、特に教育ビジネスにおいては、加盟者や関係者（特に先生）のモチベーションの高さは、それ以上の意味を持つ。

第一に、モチベーションが顧客に伝播していくという要素がある。皆さんも、過去を振り返ると、やる気のある教師や講師の授業の方が、そうでない授業に比べ、はるかに面白く、学びも大きかったはずだ（もちろん、相応のスキルを伴っているという前提条件はつく）。

特に、公文の場合、対象者の多くは子どもだ。子どもは、大人が思っている以上に敏感に、大人の姿勢を感じ取り、良くも悪くも見本にする。自発的に学ぶ姿勢や、自己肯定感を植えつけることを目的とする公文の場合、加盟者や先生（兼任が多い）が高いモチベーションを持たずして、子どもにやる気が伝播していくわけがない。

第二に、教育ビジネスにおいては、加盟者や先生などのモチベーションの高さは、メソッドの向上を強く促す。特に、メソッドが未成熟な初期や、規模化を図る成長期において、有効なフィードバックが多く集まることは、非常に重要な意味を持つ。ちなみに、公文が本格的にフランチャイズを展開し始めたのは、1960年代から70年代にかけてであるが、当時、公文の教育を最前線で担ったのは、高い教育を受けているにもかかわらず、職業選択が制約されがちであった優秀な女性たちである。

彼女たちは職業選択に恵まれないだけではなく、同時に、自分の子どもに良い教育を提供したいという動機も持っていた。そうしたポテンシャルを持つ女性に着目し、加盟

者兼先生として取り込んでいったことが、公文の教育メソッドの向上にもつながり、子どもたちのやる気をさらに刺激するという相乗効果を生みながら、公文の初期の成長を支えたのである。

「良い教育」「良い仕事」に携われる幸せ

では、加盟者や関係者のモチベーションを高める方法論として、他にどのようなものがあるだろうか。組織行動学の知識をお持ちの方であれば、代表的なインセンティブとして、金銭的報奨や他者との良好な関係、社会的評価、自己実現の場の提供などがあることをご存知だろう。

人によって何が最も効いてくるかには差があるが、一般に、良き企業文化を維持しながら人々を長期にわたってモチベートするには、自己実現の場の提供が有効である場合が多い。世の中に価値を提供しつつ、自分が成長しているという実感を持てるからだ。

その際に重要なのは、提供している場や機会に積極的にポジティブな意味付けをし、それを発信し続けることである。

元総理大臣の田中角栄氏は、なぜ若い頃土建業という仕事を志したかを聞かれて、「土建業は、『大地の彫刻家』だからさ」と答えたという。つまり、土木工事という一見地味な仕事に、「大地の彫刻家」という意味付けを行ったのだ。それが彼自身のモチベーションとなり、また従業員のモチベーションともなった（もちろん、彼の場合、利益も大いに重視したわけだが）。

筆者も教育に携わる人間なのだが、実は教育という仕事は、そもそも、無条件に人に誇れる仕事だという特性がある。「人を育てる」「未来を担う人材をつくる」「可能性を開花させる」──言い方はいろいろあるだろうが、よほど内容がプアなケースでもない限り、それを聞いて「しょーもない仕事だね」と言う天邪鬼はそうはいない。ただでもそうした特性を持つ教育という仕事に、さらに積極的な意味付けがされた時、人は大きく動機づけられるはずだ。

■公文の理念
われわれは
個々の人間に与えられている

> 可能性を発見し
> その能力を最大限に伸ばすことにより
> 健全にして有能な人材の育成をはかり
> 地球社会に貢献する
>
> 　冒頭にも示した公文の理念だが、公文が提供しているサービスと併せて見てみると、実に壮大でチャレンジングかつ人に対する愛情が込められていることがわかる。実際、創業者の公文公氏は、究極的には、「教育による世界平和」を最終目標にしていたという。
>
> 　世界中の子どもたちが、教育を通して成長し、自己実現し、繁栄し、平和に貢献する──多くの戦争の原因が無知と貧困に起因することを考えると、公文公氏の目標がいかに理に適ったものであるかがよくわかる。
>
> 　公文が世界中の国々で受け入れられているのは、その学習者に対する実利的なメリットや日本での実績だけが理由ではない。加盟者や先生をはじめとする関係者が、人に誇れる「良い教育」ひいては「良い仕事」に携われる幸せを感じられるからと言っても過言ではないはずだ。

　この文章はコラムであり、1つの主張を明確に提示しなくてはならないというわけではないので、トップダウン型のストーリーラインではなく、起承転結をベースにした応用編としている。より具体的に書くと、

リード→起→承→小さな転→大きな転→（やや補足的な事例）→結→締め

という形を採用している（**図表4-4**）。この文章は3000字弱なので、このくらいのストーリーラインが読みやすいだろうとの判断だ。ポイントは、見出しなども活用したうえで、「これからこんな話が書かれるんだろう」という読み手の期待にある程度添いつつも、途中で起伏をつけ、最後まで読み切ってもらう工夫をすることである。

3● 個別の塊の構成、順序

　ここまでは全体構成というマクロの話をしてきたが、ミクロで見た時の並列的な要素やパーツ（例：戦略の話、組織の話、プロセス・オペレーションの話）についても、どうい

図表4-4 「公文研究所」のストーリーライン

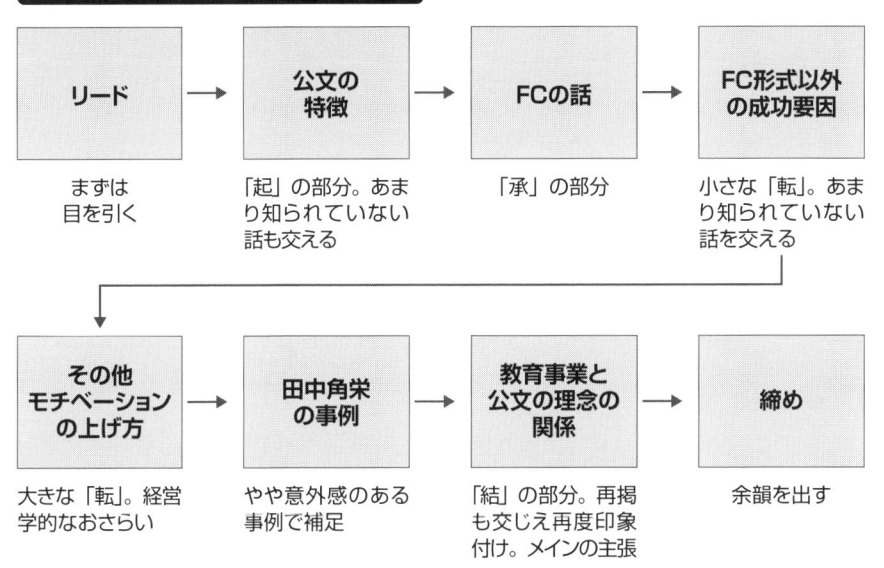

```
[リード] → [公文の特徴] → [FCの話] → [FC形式以外の成功要因]
 まずは      「起」の部分。あま   「承」の部分    小さな「転」。あま
 目を引く    り知られていない              り知られていない
           話も交える                    話を交える

     ↓

[その他モチベーションの上げ方] → [田中角栄の事例] → [教育事業と公文の理念の関係] → [締め]
 大きな「転」。経営       やや意外感のある    「結」の部分。再掲         余韻を出す
 学的なおさらい          事例で補足        も交じえ再度印象
                                    付け。メインの主張
```

う順序で書けば読みやすいかを考える必要がある。

ここでもポイントは、どうすれば読み手の思考を期待に沿って自然に導き、先を読んでもらえるかを意識することである。以下は代表的な構成、順序の例だ。

❶ 構造に沿って

それぞれの要素の重要度にあまり大きな差がない時に用いやすい方法である。

たとえばマーケティングの4Pについて説明する場合、比較的自社内で完結するテーマであるProduct（製品）、Price（価格）から始め、介在者のいるPlace（流通）、そして顧客とのやり取りであるPromotion（コミュニケーション）の順で話を進めることが多い。

地域別の営業状況について説明するのであれば、東から順に、北海道支社、東北支社、関東支社……、または、西から順に九州支社、四国支社……と説明するケースが少なくないだろう。

「メリット、デメリット」や「強み、弱み」などは、「メリット」→「デメリット」、「強み」→「弱み」のように、「好ましい事柄」→「好ましくない事柄」の順で話を進めるのが一般的だが、状況によっては、「好ましくない事柄」→「好ましい事柄」の順で

進めることもある。

❷ 重要度の順で
　構造的には対等でも、重要度が大きく違う場合は、重要度の順に説明するのがセオリーだ。たとえば、マーケティングの強さを武器とするメーカーであれば、（構造上の順である）バリューチェーンの順ではなく、重要度に沿って「マーケティング」→「商品開発」→「物流」→「生産」の順で説明するのが読み手にとってはわかりやすい。
　あるいは事業部ごとの業績報告であれば、その会社にとって重要な事業部の順に並べるのが効果的だろう。なお、110ページの例は、書き手が重要と考える課題の順に書いている。

❸ 時間の経過に沿って
　事象が発生した順など、時系列に書く方法。「過去」→「現在」→「未来」という流れであり、人間の感覚に合った説明方法といえる。

❹ 慣例に沿って
　なぜその順番なのかの理由は説明しにくいものの、すでにその順番が慣例化している場合は、その順で説明する方が、読み手の予想に反しないため読みやすい場合がある。学校の科目の「国語→数学（算数）→理科→社会→英語」などが典型的だ。このやり方は、それぞれの重要度に大差ない場合にはむしろ効果的といえる。
　なお、慣例に則った順序は実際によく使われる手法であるが、その慣例を変えた場合、状況によっては読み手に複雑な感情を巻き起こすことがある。たとえば、事業部業績の報告で、それまでは設立年度の順にA事業部、B事業部、C事業部……の順にしていたのを、A事業部が衰退期に入り、他事業部の数分の1の売上げになったのをきっかけに、順番を後ろにしたとしよう。「重要度の順」の原則に従えばまったく合理的ではあるが、合理的であればそれでOKではないのが人間というものである。順序は往々にして書き手の価値観や序列感を示す、あるいは示すように受け取られる、ということにも留意しておきたい。

4●読みやすい外形に整える

　第1章でも述べたことだが、見た目の外形は、読み手に負担をかけずに読んでもらううえでも、また、そもそも読んでもらおうと思ってもらううえでも、非常に重要なポイ

ントである。

　プロの編集者が入っている書籍などはほとんどの場合読みやすい体裁が整っているが、一般のビジネスパーソンが自分で書き、プロのチェックを受けない文章、たとえばメール（メルマガも含む）やブログ、レポートなどは、往々にして、その外形を見ただけで読む気が失せてしまうようなものがある。たとえば以下のようなメール文書だ。

> ▲
>
> 今日は推薦図書を１冊紹介します。『ビジネス仮説力の磨き方』（グロービス著、ダイヤモンド社）という本です。ビジネスにおいて仮説を立てそれを検証していくというプロセスは、企画提案の説得力を高めたり、ビジネスのスピードや精度を高めたりするうえで必要とされますが、いざ実務で一からこれを行うことは簡単ではありません。仮説検証という言葉やその有効性を頭では理解していても、自己流の方法に留まり、ビジネスの効率になかなか結びつけられないという方も少なくないはずです。
>
> 今回紹介する本書では、こうした問題意識に基づき、独自性の高い良い仮説を立てるコツ、検証作業を効果的に行うコツ、実行しているビジネスを仮説検証により軌道修正していくコツなどについて、ビジネスにおける仮説検証の流れをプロセスで示しながら解説しています。さらに、仮説検証力を組織に浸透させて、企業の生産性を高めるチーム形成のあり方やマネジャーの役割についても提示しています。本書を通じて、新入社員からマネジャーまで幅広く、ビジネスで必要とされる仮説力を「わかる」から「できる」に変えるヒントを得られるはずと考えています。ぜひご一読いただき、周りの方々にも薦めていただければと思います。

　内容そのものには大きな問題はないが、一見して、「読みづらい」と感じる。その原因は、改行がなく、また段落分けが１カ所しかされておらず、外形的に読みにくいということに尽きる。
　少し段落分けをし、箇条書きを交えて以下のように変更するだけでも、ずいぶん読みやすくなる。

> ◎
>
> 今日は推薦図書を１冊紹介します。『ビジネス仮説力の磨き方』（グロービス著、ダイヤモンド社）という本です。

> ビジネスにおいて仮説を立てそれを検証していくというプロセスは、企画提案の説得力を高めたり、ビジネスのスピードや精度を高めたりするうえで必要とされますが、いざ実務で一からこれを行うことは簡単ではありません。
>
> 仮説検証という言葉やその有効性を頭では理解していても、自己流の方法に留まり、ビジネスの効率になかなか結びつけられないという方も少なくないはずです。
>
> 今回紹介する本書では、こうした問題意識に基づき、
>
> 　①独自性の高い良い仮説を立てるコツ
> 　②検証作業を効果的に行うコツ
> 　③実行しているビジネスを仮説検証により軌道修正していくコツ
>
> これらについて、ビジネスにおける仮説検証の流れをプロセスで示しながら解説しています。
>
> 加えて、仮説検証力を組織に浸透させて、企業の生産性を高めるチーム形成のあり方やマネジャーの役割についても提示しています。
>
> 本書を通じて、新入社員からマネジャーまで幅広く、ビジネスで必要とされる仮説力を「わかる」から「できる」に変えるヒントを得られるはずと考えています。
>
> ぜひご一読いただき、周りの方々にも薦めていただければと思います。

　以下、本パートでは、読みやすい文章の体裁として以下の2つについて説明していく。

- 適切な見出し、読みやすいレイアウトを用いる
- インデントを適切に設ける

　前者は、第1章で説明したことと重なる部分もあるが、確認の意味も込めて改めて述べたい。

● 適切な見出し、読みやすいレイアウトを用いる

一見して、どんなことが書いてあるかの全体像がすぐにつかめ、かつ読む気にさせるような仕掛けを意識したい。そのポイントとなるのが、見出しと適切なレイアウトだ。

まずはそれらを用いていない例を見てみよう。以下はあるレポートの文章である。およそ1670字のそれほど長くはない文章だが、忙しいビジネスパーソンの場合は、読もうという気が起きる人間は少数派だろう。

✕

推理による記憶強化

以下のAさんの問題は何か考えてみましょう。Aさんが雑誌を読んでいたところ、以下のような記事がありました。

「亡くなったBちゃんの父親は、常日頃から、ちょっとした拍子に激高することがあった。その日は、Bちゃんの寝ぐずりが収まらず、父親は声を荒げ、激しく感情を表に出したということが、近隣住民の証言から明らかになっている。Bちゃんが遺体で発見されたのは、その翌日であった」

「これは間違いなく父親が犯人だな。それにしてもBちゃんはかわいそうだ」

これが、「推理による記憶強化」という落とし穴です。ダイレクトあるいは具体的にストーリー（物事）を語られるより、推理や想像を働かせる方が、かえって記憶に残りやすいというものです。筆者も好きな東野圭吾氏の代表作『白夜行』では、主人公２人の交流シーンはほとんど書かれていませんが、その巧みな筆致により、読者は主人公２人の親密な関係を想像しながら読み進めることになり、強烈な印象を持つことになるのです。読み手は強く記憶に残るだけならいいのですが、間違って推理した場合は、時として望ましくない結果をもたらします。冒頭の雑誌記事の中で語られている事実は、単純化して言えば、父親が前の日に激高したということと、次の日にBちゃんが亡くなったということだけです。父親が暴力をふるったなどという具体的な記述はありません。しかしここに、推理や想像が入り込む余地が生まれます。推理や想像は、具体的に書いてあることを単純に理解するよりも、受け手に頭の働きを要求します。それがかえって「自分が考えて導き出した」ということで、印象に残ることにつながってしまうのです。このケースであれば、Aさんならずとも、「父親がBちゃんに暴力をふるって」という推理を働かせてしまい、そうしたシーンを頭の中に思い浮かべるでしょう。それが本当の

> ことであればまだ害は少ないですが、もし週刊誌の記事が、憶測に基づいてミスディレクションするように書いてあったとすると、ひょっとすると無実の人間を頭の中で容疑者に仕立て上げることにつながるかもしれないのです。
>
> 　ビジネスでもこうしたことは頻繁に起こります。たとえば、Cさんがクライアントを怒らせてしまった、しばらくしてそのクライアントとの取引が切れてしまったという状況になると、多くの人は、Cさんがクライアントを怒らせたから取引を切られてしまったのだと類推を働かせます。もちろん、その可能性はありますし、それがきっかけとなった可能性は否定できませんが、実は、取引停止は既定路線であり、Cさんの出来事があろうが無かろうが取引は切られる運命にあったかもしれないのです。もしそうだとしたら、最も責められるべきはCさんではなく、当該のクライアントと一番接点のあった人のはずです。しかし、多くの場合、冷ややかな視線はCさんに行きがちです。こうした類推や想像は、特に時系列の因果関係において強く働きます。もともと人間は、ストーリーを好む動物です。ストーリーはたいてい時系列に沿って書かれており、ストーリーの中で飛躍があると、人間はそこを埋めようとします。埋めないと気持ちが悪いからです。逆に言えば、まさにミスディレクションするようにストーリーを与えられてしまうと、人間は間違った類推を働かせ、しかもそれを記憶し、周りに喋ってしまいやすいということです。世に広まっている陰謀論などはこのパターンが多く見られます。たとえば、「J.F.ケネディは、戦争で金儲けを企んでいた軍需産業の意に反して、ベトナム戦争を終結させようとした。そしてケネディは、ダラスで暗殺された」といった類のストーリーです。そこそこ蓋然性も高く、記憶に留めやすいことから、多くの人がこうした話を口にしてしまいます。
>
> 　ストーリーは、昨今、組織文化を強化したり、戦略の意図を伝えたりする道具として非常に脚光を浴びています。しかし、使い方を誤ると、「推理による記憶強化」と相まって、人々を好ましくない方向に招いてしまう可能性があることは留意しておきたいものです。

　内容そのものにおかしな点があるわけではないが、これでは息がつまりそうだ。最後まで読んだとしても、気になった箇所を読み返そうとした際に、どこに書いてあったか探すのも一苦労だろう。
　全体に何が書いてあるかを意識させ、読みやすく（読んでもらいやすく）するには、たとえば以下のように書き換えることが望ましい。冒頭にリード文を入れ、また、その

後の内容をイメージさせる中見出しをつけ、全体に改行を入れた。本文そのものの修正は最低限に留めているが、読みやすさは圧倒的に違うはずだ。こうしたほんのちょっとした工夫が、大きな差につながるのである。

ストーリー経営の落とし穴？──推理による記憶強化

ストーリー（物語）は、昨今、組織文化を強化したり、戦略の意図を伝えたりする道具として非常に脚光を浴びています。しかし、使い方を誤ると、「推理による記憶強化」と相まって、組織を間違った方向に導きかねません。事例を交えながらその落とし穴について見てみましょう。

Aさんの推理は正しいか？

まずは以下のAさんの事例を読んでください。はたしてAさんの推理は正しいのでしょうか？

Aさんが雑誌を読んでいたところ、以下のような記事がありました。

「亡くなったBちゃんの父親は、常日頃から、ちょっとした拍子に激高することがあった。その日は、Bちゃんの寝ぐずりが収まらず、父親は声を荒げ、激しく感情を表に出したということが、近隣住民の証言から明らかになっている。Bちゃんが遺体で発見されたのは、その翌日であった」

Aさん「これは間違いなく父親が犯人だな。それにしてもBちゃんはかわいそうだ」

「推理による記憶強化」とは

Aさんは、「推理による記憶強化」の罠に陥る（陥っている）可能性があります。これは、ダイレクトあるいは具体的にストーリーを語られるより、推理や想像を働かせる方が、かえって記憶に残りやすいというものです。たとえば筆者も好きな東野圭吾氏の代表作『白夜行』では、主人公2人の交流シーンはほとんど書かれていませんが、その巧みな筆致により、読者は主人公2人の親密な関係を想像しながら読み進めることになり、強烈な印象を持つことになるのです。

強く記憶に残るだけならいいのですが、間違って推理した場合は、時として望ましくない結果をもたらします。

　冒頭の雑誌記事の中で語られている事実は、単純化して言えば、父親が前の日に激高したということと、次の日にBちゃんが亡くなったということだけです。父親が暴力をふるったなどという具体的な記述はありません。

　しかしここに、推理や想像が入り込む余地が生まれます。推理や想像は、具体的に書いてあることを単純に理解するよりも、受け手に頭の働きを要求します。それがかえって「自分が考えて導き出した」ということで、印象に残ってしまうのです。

　このケースであれば、Aさんならずとも、「父親がBちゃんに暴力をふるって」という推理を働かせてしまい、そうしたシーンを頭の中に思い浮かべるでしょう。それが本当のことであればまだ害は少ないですが、もし週刊誌の記事が、憶測に基づいてミスディレクションするように書いてあったとすると、ひょっとすると無実の人間を頭の中で容疑者に仕立て上げることにつながるかもしれないのです。

ビジネスでも起こりがちな短絡思考
　ビジネスでもこうしたことは頻繁に起こります。たとえば、Cさんがクライアントを怒らせてしまった、しばらくしてそのクライアントとの取引が切られてしまったという状況になると、多くの人は、Cさんがクライアントを怒らせたから取引を切られてしまったのだと類推を働かせます。

　もちろん、その可能性はありますし、それがきっかけとなった可能性は否定できませんが、実は、取引停止は既定路線であり、Cさんの出来事があろうが無かろうが取引は切られる運命にあったかもしれないのです。もしそうだとしたら、最も責められるべきはCさんではなく、当該のクライアントと一番接点のあった人のはずです。しかし、多くの場合、冷ややかな視線はCさんに行きがちです。

ストーリーは時としてミスディレクションを引き起こす両刃の剣
　こうした類推や想像は、特に時系列の因果関係において強く働きます。もともと人間は、ストーリーを好む動物です。ストーリーはたいてい時系列に沿って書かれており、ストーリーの中で飛躍があると、人間はそこを埋めようとします。埋めないと気持ちが

悪いからです。

　逆に言えば、まさにミスディレクションするようにストーリーを与えられてしまうと、人間は間違った類推を働かせ、しかもそれを記憶し、周りに喋ってしまいやすいということです。

　世に広まっている陰謀論などはこのパターンが多く見られます。たとえば、「J. F. ケネディは、戦争で金儲けを企んでいた軍需産業の意に反して、ベトナム戦争を終結させようとした。そしてケネディは、ダラスで暗殺された」といった類のストーリーです。そこそこ蓋然性も高く、記憶に留めやすいことから、多くの人がこうした話を口にしてしまいます。

　冒頭に述べたように、経営にストーリーを活用することは、昨今、非常に注目されています。しかし、使い方を誤ると、「推理による記憶強化」と相まって、人々を好ましくない方向に招いてしまう可能性があることは留意しておきたいものです。

　なお、この修正例における見出しの位置や見出しタイトルは、あくまで一例である。皆さんであったら、どの箇所にどのような中見出しのタイトルを入れるか、ぜひ考えていただきたい。

◉─── **インデントを適切に設ける**

　ビジネス文書では、読みやすさを意識してインデント（文字下げ）や箇条書きなどを積極的に用いる。それ自体望ましいことだが、しばしば、そうした手法の使い方が悪く、全体の階層構造が見えない場合などがある。
　以下の例を見てみよう。

✗
　世界中の航空会社、いや全産業の中でもエクセレントカンパニーとして知られるサウスウエスト航空。従業員のユニークなパフォーマンスや人事制度に注目が行きがちであるが、その高い収益性の裏側にはやはり理に適った戦略がある。それらをまとめると以下のようになろう。
　○ニッチ戦略を採用している。
　○低コスト戦略

> – 人件費以外は徹底して削減
> – ミニマムの物理的サービス
> ・他エアラインとの時間調整なし、荷物転送なし
> ・機内食なし
> ○Up in the air（空中にいる時間をなるべく多く）
> – 機体の稼働率向上（フライト数を増やす）
> ・折り返し時間を短く、整備時間を短く、掃除・給油を早く
> ・早く座ってもらう（完全自由席）
> ・無償での手荷物預かりを減らす
> ・すいている空港を使う
> – 定時発着、正確な運航時間
> ○ユーモアとホスピタリティにあふれた接客をする。
> – 従業員のパフォーマンス
> – カジュアルな服装　等々

　この文章ではインデントがまったくされていないため、一見して階層構造がわからない。読み手は、おそらく、「○」で示したところが大項目であることまではわかるだろうが、「－」と「・」ではどちらが階層が上なのか、内容をしっかり読まないと判断が難しい。また、上記の例では、「○」で示した大項目に、体言止めのものと述語・句点まで書かれているものが混在しているため、見栄えとしてもよくない。

　この文章であれば、以下のように階層構造を明示するとともに、同じ階層のものを名詞や体言止めで揃えるのか否かなど、統一感をもって表記することが望ましい。なお、箇条書きの第1階層、場合によっては第3階層くらいまでは、述語がある場合でも、長い文章になった場合を除いては、最後に句点はつけないことも多い。

> ◎
> 　世界中の航空会社、いや全産業の中でもエクセレントカンパニーとして知られるサウスウエスト航空。従業員のユニークなパフォーマンスや人事制度に注目が行きがちであるが、その高い収益性の裏側にはやはり理に適った戦略がある。それらをまとめると以下のようになろう。
>
> 　　●ニッチ戦略

- 低コスト戦略
    - 人件費以外は徹底して削減する
    - ミニマムの物理的サービスしか提供しない
        - 他エアラインとの時間調整なし、荷物転送なし
        - 機内食なし

- Up in the air（空中にいる時間をなるべく多く）
    - 機体の稼働率を徹底的に向上する（フライト数を増やす）
        - 折り返し時間を短く、整備時間を短く、掃除・給油を早く
        - 早く座ってもらう（完全自由席）
        - 無償での手荷物預かりを減らす
        - すいている空港を使う
    - 定時発着、正確な運航時間を守る

- ユーモアとホスピタリティにあふれた接客
    - 従業員のパフォーマンス
    - カジュアルな服装　等々

　これであれば、読み手に過度な負荷をかけることもないし、文書としてより洗練されている。すでにお気づきの方も多いと思うが、このインデントを活用した文書の構造化は、ピラミッド・ストラクチャーを反映させたものである。つまり、正しくインデントなどを使って文書の構成を見せることは、正しく論理構造を伝えることにもつながりやすいのだ。

5●目的に合う文章トーンを選ぶ

　トーンとは、文章を貫く語調、語気、用語選択であり、文章の雰囲気を伝えるものである。お悔やみの文章であれば哀悼の意を重々しく伝えるトーンが必要だろうし、激励するのであればポジティブでエネルギッシュなトーンが望ましい。70ページで示した就任演説稿であれば、荘厳さ、威厳、自信に満ちたトーンが求められ、その結果として、文語調の語彙が多用されたり、第3章で解説したようなレトリックも積極的に用いられるのである。

　本章冒頭のケースは、社内伝達メールであるからもう少し軟らかめでも問題ないのに、

書き手が新人ということもあって、必要以上にかしこまったトーンになってしまった例である。この程度であれば問題も起きないだろうが、逆に顧客など社外の人を相手に、状況にふさわしくない馴れ馴れしいトーンで文章を書いてしまっては、「会社の行儀」が疑われてしまう。

　ここからもわかるように、あるべき文章のトーンを最も大きく左右するのは、その文章の目的と、その前提となる、書き手、読み手の置かれた環境である。たとえば、人事部の人間が、就職情報サイトに学生向けの会社紹介の文章を載せるのであれば、読み手である学生にどのような印象を持ってもらいたいか、どのような学生に入社してほしいかなどを意識したうえで、以下のようなトーンの使い分けをすると有効だろう。

- プロフェッショナルな会社だと思ってもらいたい
    - →心もち格調高めで怜悧なトーン。鼻もちならなくない程度に専門用語を用いることも可
- 親しみやすい会社だと思ってもらいたい
    - →フレンドリーで楽しそうなトーン。多少の口語調も可
- 成長途上の発展中の会社と思ってもらいたい
    - →エネルギッシュで若々しいトーン

　上記3つ目の例で、以下のように事務的、官僚的に書いてしまっては、会社の魅力が伝わりにくいし、採用したい学生が集まって来ないだろう。

> ❌
>
> 学生各位
>
> A社は20XX年に創業されました。昨年より新卒採用を開始しております。我々とともに新時代のITソリューションを提供していきましょう。
> 新卒採用の方には、まず以下の業務を担当いただきます。多くの方のエントリーお待ちしております。
>
> 1）ホームページの企画・設計・運用管理・連絡調整に関すること
> 2）文書アーカイブズの企画・設計・運用管理・連絡調整に関すること
> 3）上司の指示によるその他業務

　文章を載せる媒体の性格にもよるが、ここでは以下のようなトーンが適切だろう。

> 🔘 学生の皆さんへ!
>
> A社は20XX年に創業された若い会社です。昨年より新卒採用も開始するなど順調に発展しています。ぜひ我々の会社に参加して、新時代のITソリューションを多くの企業に提供していきましょう。
>
> 新卒採用の方には、当初は主に以下の業務を担当いただきます。どれも無限の発展性、価値提供が可能な業務です。ぜひ皆さんの若い頭脳をフル回転させて、新しいものを一緒につくっていければと思います。
>
> 1)ホームページの企画・設計・運用管理等に関すること
> 2)文書アーカイブズの企画・設計・運用管理等に関すること
>
> エネルギーにあふれる学生の方のご応募お待ちしております。Come and join us!

　トーンは、書き手本人が思っている以上に、読み手の印象を左右するものであるということは意識しておきたい。読み手は、文章のトーンに書き手の人となりや配慮を感じ取るからである。

●——— 文章のトーンに関する注意事項

　以下、トーンに関するいくつかの注意事項を記そう。どれも当たり前のことではあるが、往々にして守られないことがあるので注意いただきたい。

　①感情的なトーンは避ける(第3章98~99ページを参照)
　②文章全体を通じてトーンは極力一貫させる
　③構成とトーンを合わせる

　③は、たとえばトップダウン型や問題解決型のストーリーラインであるなら、ロジカルで無駄を削いだトーンがフィットしやすいが、起承転結型や物語型であれば、情緒的なトーンの方がかえってフィットしやすいといったことである(もちろん、必ずしも機械的に対応するわけではない)。

トーンは、ボディブローのように文章の有効性に効いてくる。繰り返しになるが、上記の注意点も意識したうえで、目的に適った適切なトーンを選択していただきたい。

第5章
センテンスをわかりやすく書く

POINT

　個別のセンテンスが読みやすくなるように配慮することは、文章の本質ではないところで読み手のエネルギーを消費させない、あるいは美文とは言わないまでも最低限の品格を備えた文章とするための、いわば「書き手の礼儀」に属するものである。

CASE

　近藤勝は新人のコンサルタントである。大学院を卒業した後、新卒で今のコンサルティング会社に就職した。まだまだ勉強中の身であったが、一通りの社内研修も終え、あるプロジェクトに末席として加わることになった。
　クライアントは、ある食品会社である。業界では中位のメーカーで、決して大きなヒット商品があるわけではなかったが、いわゆるフォロワー戦略で、上位企業に類似の商品をこまめに出すことで売上げを獲得していた。

　7月、近藤は一足早い夏休みをとって、関西旅行に出かけた。北海道出身で東京の大学に通った近藤にとって、関西はあまり行ったことのない地域である。初日は奈良を回り、2日目に京都に行った。金閣寺、銀閣寺といった有名どころを訪ねた後、近藤は、ある商店に寄った。喉が渇いたので、お茶でも買おうと思ったのである。
　そこで近藤の目を引きつける商品があった。緑と金の縞模様の「ヨントリーウーロン茶」（架空の商品）である。通常のヨントリーウーロン茶とは明らかにパッケージが違うし、何より、通常であれば150円程度で売られているものが500円という価格で売られている。好奇心の強い近藤は、さっそくその独特のパッケージのヨントリーウーロン茶を買って飲んでみることにした。明らかに通常のヨントリーウーロン茶とは味も違う。
　近藤はその商店の人に声をかけた。
「あの、これってどういう商品なんですか？」
　店の人は、いかにも旅行者然とした近藤に対して、丁寧に説明してくれた。
　その時は「珍しいお茶だな」くらいにしか思わなかったが、旅館に帰ってくつろいでいる時、近藤にひらめくものがあった。近藤は早速スマートフォンを取り出し、クライアントの事務局の沖田にメールを打った。

> 沖田さん、○○社の近藤です。
> ビジネスにおいては希少性だという例を感じることがありますが、今日京都に旅行をしみどりと金のしま模様のめずらしいお茶を目にしましたが500mlの普通のペットボトル

のヨントリーウーロン茶が何と1本で500円もするのです。なぜ通常のお茶よりも極端に高いかというとその秘密は限定商品というところにあって1年間にわずか1000本しか製造されないということでマニアの間では垂涎のまとになっているようなのです。しかしその1000本はコンスタントに製造されるわけではなくあるきまった時期にまとめて1000本だけが製造されるということでつまり期間限定本数限定なわけです。飲んでみたところ味そのものはヨントリープレミアムビールのように濃厚ではけっしてないのですがやはり特徴ある味とパッケージなど通常のヨントリーウーロン茶とは違うことがわかります。御社も小ロットの生産は得意にしておりますのでこのようなアイデアもあるはずです。

　数分後、沖田はこのメールを受け取り、早速読もうとしたが、一瞬目が拒否反応を起こしそうになるのを感じた。
「何だ、このメール。おそらくスマホで急いで書いたのだろうけど、こんなに読みにくい文章も珍しい。近藤君からの提案のようだが、クライアント向けなんだから、もう少し丁寧に書いてほしいなあ」

解説

　本章では、多くの文章論の書籍が最もスペースを割くパートでもある、個別のセンテンスに関する読みやすい表現について紹介していく。また、文章を書くうえでのちょっとした工夫や気遣いについても簡単に説明する。なお、ここでは便宜上センテンスという言葉を使っているが、これは厳密に句点（。）から句点までを指す場合と、数十字から百数十字の文章を指す場合の両方があると考えていただきたい。

　ここで「読みやすいセンテンス」という意味は、「同じ内容を表すのであれば、文章そのものの解釈でつかえたりせず、スラスラと読める」といった意味合いである。

　さて、冒頭ケースの近藤の文章は、典型的な悪文といえよう。あなたならどのように添削するだろうか。その前に、そもそも書き手が何を伝えたいのか理解できるだろうか。

　伝えたいことは、期間限定で本数も限定した希少性の高い商品の発売を、クライアント企業の方でも考えてみてはどうかという提案のようだ。しかし、最後の文が「御社も…（中略）…このようなアイデアもあるはずです」と曖昧なため、提案をしているのか、「御社内でもそうしたアイデアがある人間がいるのではないでしょうか」という推定なのか、判然としない。結局何を言いたいのかわからない文章はその時点で失格である。

　それもさることながら、読んでいて強いストレスを感じられた方が多いはずだ。この文章はおよそ410字だが、この文体で1000字、2000字といった文章を読まされたら、ほとんどの人は「勘弁してくれ」と言いたくなるだろう。ではこの文章のどこに問題があるのか。いくつかピックアップすると、以下の点が挙げられる。

- 読点がほとんどないため、係り結びがわかりにくい。またリズムが悪い
- 改行がないため、読むペースがつかみづらい
- 平仮名が多すぎるため、「意味の塊」を判別しにくい
- 意味が一義的に解釈できない箇所がある（例：9行目の記述は、「ヨントリープレミアムビール」と同様に濃厚ではない味なのか、「ヨントリープレミアムビール」とは違って濃厚ではない味なのかがわからない）
- 接続語の使い方がおかしい。6行目の「しかし」の箇所
- 文章として完成していない箇所がある。冒頭の「ビジネスにおいては希少性だという例を感じることがありますが」など

　これらは、少し意識するだけでも劇的に読みやすい文章になるポイントだ。もしこの文章を、上記のポイントに配慮してストレスなく読みやすいように書き直すと、たとえ

ば以下のように書き換えられるだろう。

> **修正例**
>
> 沖田さん、○○社の近藤です。
>
> ビジネスにおいては、希少性をうまく演出することがマーケティング上、効果的と感じます。たとえば、本日、京都に旅行で来ているのですが、ある商店で緑と金色の縞模様の珍しい柄のペットボトルのお茶を目にしました。驚いたのは、500mlの容量のその「ヨントリーウーロン茶」が１本500円という高価格で売られていたことです。
>
> なぜ通常よりも高価格にできるかというと、その秘密は限定商品というところにあります。聞いたところでは、１年間にわずか1000本しか製造されないとのことです。しかも期間限定で、ある特定の時期にしか製造販売されないようです。
>
> 味の方も、ビールの「ヨントリープレミアムビール」ほど濃厚ではないものの、独特の濃い味で、通常の「ヨントリーウーロン茶」とは明らかに違います。そうしたこともあって、マニアの間では垂涎の的になっているのです。
>
> 御社も小ロットの生産は得意にされていますので、この例に倣って希少性をうまく演出するようなアイデアを社内から募ってみるといいのではないでしょうか。

　最初の文章に比べると、全体として言いたいことは明確であり、個別のパートを見ても意味がわからないところはないはずだ。しかも、読んでいてつかえる箇所もないはずである。ビジネスパーソンとして文章を書くのであれば、よほど時間がない緊急の場合というケースでもなければ、このくらいの読みやすさは目指したい。

1● ストレスを感じさせない文章を書く

　ストレスなく読みやすい文章を書くためのポイントについては**図表5-1**にまとめた。以下、これらについて、文例を交えながら簡単に紹介していく。ぜひ、「自分ならどのように書き換えるか」といったことも考えながら読み進めていただきたい。

図表5-1　ストレスなく読みやすい文章を書くためのチェックポイント

- ☐ ❶一文一義にする
- ☐ ❷読点をうまく使う
- ☐ ❸適切な接続詞を使う
- ☐ ❹文章を「完成」させる
- ☐ ❺なるべく平易な言葉を使う
- ☐ ❻「」や( )、── を使って意味を明確にする
- ☐ ❼平仮名・カタカナ・漢字のバランスに配慮する
- ☐ ❽センテンスは短くする
- ☐ ❾文章をスリム化し、冗長さをなくす
- ☐ ❿リズムよく書く
- ☐ ⓫日本語らしく書く

❶ 一文一義にする

　まず、ビジネス文書の要件として、一文一義、つまり、その文章で表したい意味が間違いなく伝わるようにする必要がある。なお、「一文一義」という言葉は、人によっては、「１つのセンテンスで２つ以上の内容を書かない」という意味で用いることもあるが、本書では、「文章の内容が、それ以外に意味のとりようがない（複数の解釈がない）」という意味で使っていく。

　冒頭ケースに挙げたような、「……のように……でない」といった形の「ように否定」などは、どちらの意味にでもとれることがあるため、避けたい文体の１つである。多くは文脈で判断できる場合も多く、必要以上に神経質になる必要はないが、公式度合いの高い文章ほど、こうした点にも意識したい。

　たとえば、以下のような文は複数の意味にとれるため、改めて読み直したうえで、工夫して一文一義になるようにすることが望ましい。

　　（A）例のカメラの解説文ですが、フォーカスがちょっと変だと感じました。
　　（B）明るい緑の観葉植物に囲まれた職場
　　（C）Y社は規模が大きく、直接参入するには障壁がある市場については、合弁形態を採

> 用した。
> (D) 女性の社会進出が進み、生涯独身者が増えている。そうした中、少子化も進展している。

Aから順に見ていこう。

> (A) 例のカメラの解説文ですが、フォーカスがちょっと変だと感じました。

　これは2つの意味にとれよう。1つは、カメラの機能であるフォーカスに関する解説が変だという意味。もう1つは、解説文で書いていることそのものが、本来重視すべきポイントを外しており的外れだという意味だ。前後に補足があればまだ解釈のしようはあるが、この文章だけが1行書かれていたら、読み手は判断に迷うことになる。
　前者の意味だとすれば、

> 例のカメラの解説文ですが、フォーカス機能の箇所の説明がちょっと変だと感じました。

などがいいだろう。後者の意味ならば、たとえば

> 例のカメラの解説文ですが、解説すべきポイントがずれていると感じました。

と修正することが望ましい。

　Bは、「明るい」という形容詞が、「職場」に係っているのか、「緑の観葉植物」に係っているのか、どちらにもとりうるという例だ。

> (B) 明るい緑の観葉植物に囲まれた職場

　前者の意図なら、

> 明るい、緑の観葉植物に囲まれた職場
> 緑の観葉植物に囲まれた明るい職場

のように、語順を変えたり、読点を用いたりすることで係り結びをはっきりさせる必要

がある。ちなみに、この意図であれば、最もわかりやすい書き方は、

> 緑の観葉植物に囲まれた、雰囲気の明るい職場

と、「明るい」が係る言葉を明確に示すことだ。そもそもの問題は、「明るい」という形容詞が、「緑の観葉植物」にも「(職場の)雰囲気」にも係りうるという紛らわしさにあるからである(さらに厳密にいえば、「明るい」が「職場」に係る場合でも、単純に「採光面で明るい」というケースもある)。

　後者の「明るい」が緑の観葉植物に係るという意図であれば、

> 明るい色の緑の観葉植物に囲まれた職場

と言葉を補えば意味は明確だ。なお、この例では、読点を用いて

> 明るい緑の観葉植物に囲まれた、職場

とも表しうるが、読点の位置が不自然で、長い文章の中に入ってしまうとかえって係り結びが混乱したりして読みにくい場合があるので、最初の修正法の方が自然だろう。
　なお、ここでも、「明るい」が混乱の原因になっているので、「明るい」に特殊な意味合いがないのであれば、ダイレクトに色を特定して

> ライトグリーンの観葉植物に囲まれた職場

などとしてしまう方法もある。

　Cは実際のビジネス文書からの引用であるが、これでは「大きい」のがY社なのか市場なのかがわからない。

> (C) Y社は規模が大きく、直接参入するには障壁がある市場については、合弁形態を採用した。

　常識的には市場の方だろうが、いかにもわかりにくい。

> Y社は、規模が大きくて直接参入するには障壁がある市場については、合弁形態を採用した。
>
> 規模が大きく直接参入するには障壁がある市場については、Y社は合弁形態を採用した。

などと修正するのがいいだろう。

　この例では、さらに言えば、「障壁がある」が、市場の大きさとは別の問題として規制などの参入障壁があるのか、それとも、市場の大きさそのものが参入の妨げになっているのかが判然としない。前者の意図であれば、

> Y社は、市場の規模が大きく、また規制などの問題で直接参入するには障壁があるようなケースでは、合弁形態を採用した。

こう書くと明確だ。後者の意図であれば、以下のように書けば伝えたいことがより明確になる。

> Y社は、規模が大きくて自社が単独で参入するのが難しい市場については、合弁形態を採用した。

　Dの例を見よう。

> (D) 女性の社会進出が進み、生涯独身者が増えている。そうした中、少子化も進展している。

　これは、「そうした中」がどこを指しているのかが曖昧になっているケースである。この例に限らず、指示語は、何を指すのかを明確にすることが書き手の責務である。
　このケースでは、そのまま読むと、生涯独身者が増えていることが直接的な要因に読めてしまうが、常識的に考えると、それだけでなく女性の社会進出に伴う晩婚化や、子どもを持つことの機会費用（本来得られたはずの収入や利益）、子育て環境の不備などの問題もあると思われる。
　であれば、以下のように書く方が誤解は少ないだろう。

> 女性の社会進出が進んでいる。そうした中、生涯独身者が増えており、それにさまざまな要因が重なって少子化も進展している。

　なお、文章の巧拙にもよるが、指示代名詞（いわゆる「こそあど言葉」）は、あまり多用しすぎると、読み手に負荷をかけることにつながるので、適切な量に留めることが望ましい。それは、「指示代名詞が何を指しているか」の明確化にもつながる。

　ここではさまざまな「一文一義にとれない文章例」を紹介してきたが、文章の書き手は、往々にして自分の頭の中では明確に意味が通じているため、その意図とは異なる解釈がありうるとは思わないものだ。たとえば、先のBの例で、当該の「明るい雰囲気の職場」が強く書き手の頭の中に印象づけられている場合、「明るい」が緑の観葉植物の形容句にもなりうるなどとは想像しないものである。
　この程度の文であれば実害は少ないだろうが、ビジネス上重要な文書などで相手に誤って理解されてしまうと、後々のフォローに時間をとられかねない。重要な文書ほど、しっかり読み直して、別の意味にとられかねないかを確認したいものである。

❷ 読点をうまく使う
　読点（,）は、先の例でも見たように、係り結びを明確にしたり、リズムをつくったりするうえで重要だ。
　読点の使い方については、本多勝一氏著の『日本語の作文技術』（朝日新聞出版、1982年）が、かなり詳細な分析により、重要なポイントを語りきった感がある。氏によれば、読点の役割は、文章の意味を明確にする（特に係り結び、つまり形容句－被形容句の関係を明確にする。143ページの例を参照）こと、そして、感情を表すこと、としている。後者の「感情を表す」読点の使い方としては、

> 会社の中枢が、崩壊した。
> 世界が、震撼した。

などが該当する。
　氏は、リズムを整えるための読点の使用についてはやや否定的であり、意味が通じるのであれば、読点を必要以上に入れる必要はないとの立場である。事実、世の中には、意味の塊ごとに読点を入れるタイプの人もいるが、読みにくいし、ビジネスパーソンとして幼稚な印象を与えてしまう。たとえば以下のような文章だ。

> 　業界によっては、規模の大きいことが、非常に、重要な意味を持つ場合と、そうでもない場合が、あります。意味を持つ業界には、製薬業界や、鉄鋼業界があります。一方で、意味のない業界には、地場密着の、不動産業や、学習塾などが、あります。後者のような、ビジネスは、分散事業、といいます。

　上記の例はかなり極端だが、現実的にビジネスシーンにおける読みやすさを考えた時、意味がわからなくなったり、リズムを削いでしまったりするような読点、あるいは文章の稚拙さを感じさせるような読点は論外としても、意味がしっかり通るのであれば、読者に配慮し、適宜読点を使うことは否定されるべきではないと筆者は考える。
　基本は、意味が正しく伝わることを最重視すべきであるが、「息がつまりそうで、読点を入れても意味が変わらないのであれば入れてもよい」くらいの心構えが現実的だろう。その観点から、以下の文章を書き直してみよう。

> A社がビジネスパートナーとして我々B社が長年宿敵としているC社を推薦してきたがとても乗り気にはなれない。

　いかにも読みにくいし、ビジネスパートナーがA社なのかC社なのかが一読してわからない。❶で示した一文一義の原則にもかなっていない。
　もしA社が、C社をB社のビジネスパートナー候補として推薦してきたのなら、以下のように語順や微妙な表記も含めて修正すべきだろう。

> A社が、われわれB社が長年宿敵としているC社をビジネスパートナー候補として推薦してきたが、とても乗り気にはなれない。

　なお、元の文章は、語順や表記を変えて以下のように表せば、一応意味は通る。

> われわれB社が長年宿敵としているC社をビジネスパートナー候補としてA社が推薦してきたがとても乗り気にはなれない。

　一般的には、長めの形容句から短めの形容句を並べるようにすれば、読点無しでもそのまま意味が通じるケースが多い。
　先のケースでも、「推薦してきた」を被形容句と考えると、「われわれB社が長年宿敵としているC社を」「ビジネスパートナー候補として」「A社が」という順で形容句が並

んでおり、そのまま意味が通じている。しかしこれではやはり読みにくく、読み手に負荷をかけてしまう。読み手の立場に立って、負荷やストレスを極力減らすという姿勢は貫きたい。

　なお、上記の説明では、「主部」「述部」という表記ではなく、あえて「形容句」「被形容句」という言葉を使った。これは、日本語の主部は、極論すれば、「被形容句としての述部」にかかる形容句の1つにすぎないという見方に立ったものである。

　もちろん、意味的には主部は最重要であることが多いのだが（67ページのSとVの話も参照）、文章構造だけに着目した場合、「A社が」という主部も、英語でいう目的語にあたる「……C社を」も、文章の構造上は同じレベルと考えうるのである。

❸ **適切な接続詞を使う**

　接続詞は、ある意味、最も論理性が必要とされる品詞であり、間違って用いると読み手に大きなストレスを与える。たとえば、「しかし……」で文が始まったら、普通は逆接の内容を予想して読み手は文章を読む。それにもかかわらず、順接の内容の文が続けば、読み手は混乱するだろう。

　読点の前の「……が、」も注意が必要だ。散漫な文章によくありがちなのは、「……が、」でいたずらに文章を続けてしまい、言いたいことがよくわからなくなってしまうというパターンだ。たとえば以下の文章はどのように書き換えることができるだろうか。

> 　通常、エクイティ（株主資本）がデット（負債）に比べて多い会社は高リスクの事業を抱える会社だが、A社は低リスクでエクイティ比率の高い会社であるが、B社は高リスクでエクイティ比率の高い会社だ。これはどう考えるべきだろう？

　現状でも言いたいことが伝わっていないわけではないが、ファイナンスの知識があまりない読み手だと混乱する可能性が高い。「……が、」でつないだ散漫な文章を改め、言葉を補って以下のように変えると趣旨はより明確になるだろう。

> 　通常、エクイティ（株主資本）がデット（負債）に比べて多い会社は高リスクの事業を抱える会社である。しかし、現実を見ると、B社はまさに高リスクでエクイティ比率の高い会社であるが、一方で、低リスクにもかかわらずエクイティ比率の高いA社のような会社もある。これはどう考えるべきだろう？

　なお、書籍によっては、「……が、」というつなぎ方は、逆接の文章のみに留めるべき

と書いているものもある。それをまったく否定するものではないが、筆者はそこまで厳しく制限する必要性は感じない。だらだらと「……が、」で文章を続けたり、意味が通じなくなってしまったりさえしなければ、文章の品格を損なわない範囲においては問題無しというのが筆者のスタンスである。以下はその例だ。

> 君の出してくれた例のアイデアですが、個人的には非常に良いと感じました。

❹ 文章を「完成」させる

完成していない文章は、言い方を変えれば、日本語としてみっともない文章である。以下にその典型例を示す。

●言葉が足りていない

❌ 私はマーケターとしてメッセージの一貫性を主張したい。
⭕ 私はマーケターとして、メッセージの一貫性を維持することの重要性を主張したい。

●正しく閉じていない

❌ 私が憂慮するのは、日本は総理大臣が頻繁に替わりすぎて外交上のプレゼンスを確立できないのではないだろうか。
⭕ 私が憂慮するのは、日本は総理大臣が頻繁に替わりすぎて外交上のプレゼンスを確立できないのではないだろうか、ということだ。

❌ なぜなら、日本はいまだにアメリカに比べて製造業の比率が高く、しかも海外での現地生産も進んでいない。
⭕ なぜなら、日本はいまだにアメリカに比べて製造業の比率が高く、しかも海外での現地生産も進んでいないからだ。

●文章構造上、「浮いている言葉」がある

❌ A社長は、戦略立案や、常に社員のモチベーションや職場の雰囲気といった現場の状況に目を配ります。
⭕ A社長は、戦略をしっかり立案するだけではなく、常に社員のモチベーションや職場の雰囲気といった現場の状況に目を配ります。

- ●動詞などを必要以上に共有している
  - ❌ 私は毎朝毎晩、頭や歯や顔を洗うことを欠かしません。
  - ⭕ 私は毎朝毎晩、髪や顔を洗ったり、歯を磨いたりすることを欠かしません。
  （共有できる動詞に着目した場合）
  - ⭕ 私は毎朝毎晩、洗髪、歯磨き、洗顔を欠かしません。
  （元の順序を活かした場合）

  - ❌ 老化防止の方策として、囲碁や将棋を打つことは効果的だ。
  - ⭕ 老化防止の方策として、囲碁を打ったり将棋を指したりすることは効果的だ。
  （動詞を使い分ける場合）
  - △ 老化防止の方策として、囲碁や将棋をプレイすることは効果的だ。
  - ⭕ 老化防止の方策として、囲碁や将棋を嗜むことは効果的だ。
  （動詞を使い分けない場合。ただし、前者は、「囲碁将棋」と「プレイ」の語感がそぐわない）

- ●言葉の対応が誤っている
  - ❌ 私は英会話教室を習うことに決めました。
  - ⭕ 私は英会話教室に通うことを決めました。
  - ⭕ 私は英会話を習うことを決めました。

  - ❌ 弊社の2020年の目標は、世界でナンバー1の英会話スクールだ。
  - ⭕ 弊社の2020年の目標は、世界でナンバー1の英会話スクールとなることだ。

　これらは、読み手側の常識的な推測や、前後の文脈から意味を正しく読み取れることが多いが、公式の文章として世に出すにはやはり恥ずかしい文章といえよう。特にホームページやメルマガの文章などは、読み手は、「ある程度の社内チェックは経たのだろう」という暗黙の前提を置くことが多いため、会社の知性を外に示すことにもなる。会社の知性を疑われないためにも、日本語としてしっかり完成した文章を書きたいものである。

　なお、ここでは明らかな誤字（例：「契約を交信した」）や、間違った慣用句（例：「的を得た発言」「汚名挽回」）、言葉の誤用（例：「そんなにすぐに言うことを変えるなんて、それこそ朝三暮四だ」）などは取り上げなかったが、知性を疑われるという意味ではこれらがより重大な瑕疵であり、注意したい。なお、本来は誤用であった用法が一般化した言葉

(例:「確信犯」)を用いることの是非については、第7章206ページのコラムを参照されたい。

ちなみに、本パートで提示した諸文例は、ポイントを明確にするためにどれも短い文の例を出したが、実際には、こうした「未完成」の文章は、センテンスが長くなりすぎた場合に生じることが多い。157ページで後述する「センテンスは短くする」には、文章の完成度を上げる効果もあるのだ。

Column：ソーシャルメディアでは文章の完成度より、人となりや即時性が大事

本文中では、特にホームページやメルマガ、ビジネスレポートの文章などを念頭に、会社や個人としての品格、知性を疑われない程度のしっかりした文章を書くことの重要性を説いている。

しかし、昨今では、各種SNSやツイッターといった、いわゆるソーシャルメディアの比重が増している。これらのメディアに求められるのは、誠意、感謝、応援、リアルタイム性(即時性)、インタラクション、楽しさ、真剣な議論、(斜に構えたものではなく)的を射たポジティブな批判、そして担当者の人となりの表出などである。必ずしも文章の完成度が最重要の要素というわけではない。

事実、ある企業のコミュニティサイトでは、担当者の単純な誤字がフォロワー(メディアに参加している人)の心を和ませ、発言数を増やし、「場」の雰囲気をより身近なものに変えるきっかけになったという例もある。目的やメディアによって、何を重視すべきかが異なってくる典型例といえるだろう。

人々が堅苦しいメディアから、よりカジュアルなメディアの情報を行動の拠り所とするようになってきた現在、何が効果的に人の行動変容を促す文章のカギになるかは、ぜひ考え続けていただきたい。

---

❺ なるべく平易な言葉を使う

第3章99ページで触れたこととも重複するが、世の中には自分の文章を高尚に見せたり、自分の知性を見せびらかすために、必要以上に難解な言葉や言い回しを使う人がいる。あまりに平易にしすぎる必要はないが、読み手の視点に立って、わかりやすい言葉を使いたいものである。

なお、筆者の場合、経営学に関連した文章を書く時は、どうしても使わなくてはなら

ない専門用語（テクニカルターム）は別として、その他の「地の文」は極力平易な言葉を用いることにしている（第1章30ページを参照）。また、心がけとしては、新聞記事よりも心もち易しめを1つの目途にしている。

いくつか例文を見てみよう。

> ✗ あまつさえ、そのテクノロジーの進化にキャッチアップしていこうという意思もない。
> ○ そればかりか、その技術進化に追いつこうという意思もない。

> ✗ 自分でも、自分の文章スタイルが晦渋を極めているのはわかっている。事実、それで内容が伝わらないことがある。誠に慙愧に堪えない。
> ○ 自分でも、自分の文体が難解なのはわかっている。事実、それで内容が伝わらないことがある。お恥ずかしい話だ。

> △ それはトートロジーだ。
> ○ それは同義反復、つまり同じことを言い返しているだけだ。

難しい言葉の代表例としては、上記からもわかるように、文語的言葉遣いや時代がかった漢語、あるいはまだ一般化していない外来語などがある。こうした言葉を使うことは、主目的が、たとえば「自分の専門性を伝える」ことであるならば全面的に否定されるわけではない。しかし、ビジネスの文章の重要な目的である「正しく伝える」「人に動いてもらう」が強く求められる局面では、マイナスの効果の方が大きいことが少なくない。

コラムなどで斬新な主張を伝えたい場合であっても、主張している内容そのものは「尖がり」を含みながら、文章そのものは平易というのが、難しいことではあるが、目指したい姿である。

Column：検索に引っかかる用語を使う

本文では、極力平易な言葉を使うべきと書いた。ただ、昨今は、グーグルに代表されるウェブ検索が発達したこともあり、より多くの人に「発見」してもらうために、あえて多少難しくなってでも専門用語を入れるケースなどもある。

たとえば、以下のようなケースだ。会計士養成のスクールが開設しているビジネ

スパーソン向けのコラムページの文章と考えていただきたい。

(A) 在庫が必要以上に増えると、その分、必要なお金が増えるので、銀行との関係をしっかりつくっておく必要がある。

(B) 在庫の必要以上の増加は、ワーキングキャピタル（運転資本。在庫＋売掛金－買掛金で定義される）の増加をもたらす。それに対応すべく、銀行との関係をしっかりつくっておく必要がある。

　これが通常の文章であれば、Aの方がわかりやすい文章といえる。しかし、この文章は、会計士を目指す人に読んでほしい、さらに言えば、それをきっかけにこの会計スクールに興味を持ってもらいたいという狙いを持つ文章である。
　そうした対象読者は、「ワーキングキャピタル」や「運転資本」という言葉、さらにはそれらを「定義」という用語と掛け合わせてウェブ検索をする機会が多いだろう。それを考えると、あえてBのような文章を書くことも現実のビジネスシーンではありうるのだ。

❻「　」や（　）、──を使って意味を明確にする

　カギカッコ「　」やカッコ（　）、ダーシ──などは、意味を明確にするだけではなく、強調したり、文章の長さを短くしたりするうえでも、うまく使えば非常に有効である。平仮名が続いて読みづらくなる場合などには、分かち書きの効果もある。
　作家など文体にこだわりのある人は、こうしたテクニックをあえて避けることもあるが、ビジネス文書の場合は、まずは伝えたいことを正しく伝えることが最優先なので、うまく使いこなしたいものである。筆者は、これらの文章テクニックは比較的多用している。

●カギカッコ「　」を使う

　古物商に最も必要とされるのは、本物と偽物を見分ける眼だ。
　古物商に最も必要とされるのは、本物と偽物を見分ける「眼」だ。
　古物商に最も必要とされるのは、「本物と偽物を見分ける」眼だ。
　古物商に「最も」必要とされるのは、本物と偽物を見分ける眼だ。

それぞれ、どこを強調しているか、微妙な意図の違いがあるのがわかるだろう。

> 経営者にはしたたかさが必要だ。
> 経営者には「したたかさ」が必要だ。

　これも伝えたい意味は基本的には同じだが、後者の方が「したたかさ」を強調したいことがわかる。また、このケースでは、平仮名が続くので、意味の塊を明確に示す「分かち書き」の効果もある。前者の文は、おそらく、一瞬どこで意味が切れるのか考える人が多いだろうから、これは効果的だ。

ちなみに、分かち書きに注目すると、

> 経営者には強かさが必要だ。

と書くこともできるが、今度は「強さ（つよさ）」と読み間違えられる可能性が高い。
　分かち書きの効果を出しつつ強調する別の方法としては、太字（ボールド）や下線（アンダーライン）を用いる方法、そこだけ文字の大きさ（ポイント数）や色を変える方法がある。メールやブログの文章ではこれらの複合が実際に多用されており、読み手の目を引くうえで有効といえる。ただ、やりすぎてPCの機種によって文字化けするようだと、そもそも読んでもらえないことになってしまって本末転倒なので、気をつけたい。
　なお昨今、特にブログなどでは分かち書きをするために、欧米言語のように

> 経営者には　したたかさ　が必要だ。

などとスペースを空けて書くケースも散見される。好みは分かれるだろうが、正式な日本語表記としてはまだ一般的とは言いがたい。公式の文書では避ける方が無難だろう。

Column：皮肉や態度保留を示す「」

　「」は、意味を強調するだけではなく、皮肉を込めるために用いたり、「世間ではそう言われているが、自分はそうは思わない」などの意味を込めて用いたりする場合もある。たとえば以下のようなケースだ。

> そんなことを言うなんて、彼はよほどの「人格者」なのでしょう。
>
> 巨人軍は「紳士の球団」だから、そんなに大問題には発展しないでしょう。
>
> こうした用法はまったく否定されるべきものではないが、あまり多用しすぎると嫌味な印象が残り、読後感を損ねる場合があることは意識しておきたい。

● カッコ（ ）を使う

次に、（ ）で補足説明をすることで、わかりやすくした例を見てみよう。

> △
>
> 　最近の研究では、あるものを手放す代償として受け取りを望む最小値、つまり受け取り意思額は、それを手に入れるために支払っていいと考える最大の値、つまり支払い意思額の約7倍である、つまり、同じものであっても、手放す際は手に入れる際の7倍の価値を感じるとされています。7倍という数字には、研究論文によって多少幅があります。ものによっては、20倍とされることもあります。それだけ人間は、不確実な未来のものより、確実な手元のものを好むのです。

> ◎
>
> 　最近の研究では、あるものを手放す代償として受け取りを望む最小値（受け取り意思額）は、それを手に入れるために支払っていいと考える最大の値（支払い意思額）の約7倍であるとされています。つまり、同じものであっても、手放す際は手に入れる際の7倍の価値を感じるというわけです（この数字は、研究論文によって多少の幅があり、中には20倍とするものもあります）。それだけ人間は、不確実な未来のものより、確実な手元のものを好むのです。

　内容はほぼ同じだが、すべてを「地の文」で表そうとすると、文章が冗長になったり、補足程度の情報と本当に伝えたい本論の重みがわかりづらくなったりしてしまう。
　後者の文章は、そうしたことに配慮し、文章をコンパクトにしつつ、補足レベルの話は（ ）にくくってあくまで補足であることを明示している。

● ダーシ ──を使う

　ダーシ（──）は人によっては用いない表記だが、カッコ（ ）では表しきれない余韻を表現したり、カッコが多すぎる文章になった時、あるいは単調さを避けたい時に使うと便利だ。
　強調という観点も含めると、カギカッコ「 」とカッコ（ ）双方の効果を同時に満たすことも可能だ。以下がその例である。

> 従業員のモチベーションを上げるためには、従業員の目線に立ってしかるべき施策──評価制度や報奨制度など──を設計する必要があります。

　なお、ダーシはカッコの代わりに「挟む」用法もあるが、文頭や文中、文末に1カ所だけ用いて余韻を出すことも可能である。

> 「──そうですか、そんなに業績が落ちていたとは意外です」
> 「それこそが我が社のDNA──創造性を尊ぶことにつながるのです」
> 「先方からの返答はそれきりありませんでした──」

　この最初と最後の例は、「…」や「……」で代用することもできる。

> 「……そうですか、そんなに業績が落ちていたとは意外です」
> 「先方からの返答はそれきりありませんでした……」

　ダーシとの使い分けについては、個人の趣味もあるだろうが、一般に「……」の方は、セリフの引用や、情緒性を出す文章とのフィット感が高い。文脈にもよるが、余韻ではなく省略の意味で用いられることもある。

❼ 平仮名・カタカナ・漢字のバランスに配慮する

　日本語は良くも悪くも、平仮名、カタカナ、漢字と多彩な文字のある言語である。さらには（アラビア）数字やアルファベットなども交じってくる。そのバランスが崩れると、読み手にとって非常に読みづらい文章になる。

> ✗　いまはそのようなことをするときではない。もうすこし様子をみるべきではないだろうか。

◯ 今はそのようなことをする時ではない。もう少し様子をみるべきではないだろうか。

　書かれている内容はまったく同じであるが、前者は平仮名が多すぎて極めて読みにくい。意味がしっかりわかるよう、そして分かち書きの効果を得るためにも、適度に漢字を交ぜる方が圧倒的に読みやすい。

△ 適宜例えを交える事が具体性喚起に有効である。
◯ 適宜「たとえ」を交えることが、具体性を喚起するうえで有効である。

　今度は漢字が多すぎる例である。前者は、「適宜例え」の部分で、一瞬引っかかる人が多いだろう。
　なお、前者のようなケースでは、「事」「所」ではなく、「こと」「ところ」のように平仮名で表記するのが新聞や雑誌、書籍などでは標準的な表記である。

❽ センテンスは短くする

　次項で、本質的に不要な箇所や表現は徹底的に削り、文章を圧縮することの必要性については改めて後述する。それとは別の次元で、読みやすくするために適宜句点（。）を入れることで、センテンスを適切に切ることも必要だ。センテンスが長くなると、先に見たような不完全な文章になる可能性も高まる。
　絶対的な基準はないものの、150字を超えるようなセンテンスは通常長すぎると考え、極力、切れるところでセンテンスの区切りを入れるといいだろう。もちろんこれは、文章をいたずらに句点で細かく切ることを意味してはいない。あくまで、想定する読み手にとって読みやすいことが条件である。
　以下の例で見てみよう。

✕
　皆さん。
　　4月1日付で山川さんが正社員から契約社員として勤務形態を変更することになりますが、これはご実家の事情により北海道に帰る頻度が多くなるためであり、それに伴って所属も営業部から営業企画室になりますので、デスクの場所や出社日出勤時間も変わることになりますが、今後とも弊社のさまざまな活動に引き続き関与していただきますのでご安心いただいて結構ですし、引き継ぎなどの詳細については、別途山川さんから説明があると思いますので、関係者の皆さんは業務に支障がないようよろしくお願いす

| るとともに、山川さんの営業部におけるこれまでの貢献に深く感謝します。

　ちなみに上記の第2センテンスは267文字に及んでいる。「……が、」「……で、」でつないだ、典型的な冗長なセンテンスといえよう。日本語としての完成度も低く、「やっつけ」で書いた印象を与えかねない。センテンスを分けることで以下のようにすることが望ましい。

○
　皆さん。

　4月1日付で山川さんが正社員から契約社員として勤務形態を変更することになりました。これはご実家の事情により北海道に帰る頻度が多くなるためです。それに伴って所属も営業部から営業企画室になり、デスクの場所や出社日、出勤時間も変わります。ただし、今後とも弊社のさまざまな活動に引き続き関与していただきますので、関係者の方はご安心ください。

　引き継ぎなどの詳細については、別途山川さんからご担当の方に説明があると思います。関係される皆さんは業務に支障が出ないよう、よろしく調整をお願いします。

　山川さんの営業部におけるこれまでの貢献に深く感謝します。

❾ 文章をスリム化し、冗長さをなくす
　読みやすいようにセンテンスを短くすることも重要だが、それ以上に、そもそも不要なところは大胆に削って文章自体を短くすることも重要だ。文章を書き慣れていない人、あるいはそもそも書くべきコンテンツがない人の場合、往々にして内容が冗長で、無駄な文言や語句が多すぎるケースがほとんどだ。何とか所定の文字数を埋めようとして、無理に水増しした文章となることも多い。筆者の経験的には、そうした文章の場合、1000字の文章は500字以下に削れることがほとんどである。

✕
　私が思うに、より優れた商品を企画するために、何よりも重視しなければいけないことは、現場でどのような変化が起きているかを敏感に気づくことだ。そのためには、みずから行動を起こさなければならない、つまり、周囲の環境に働きかけなければ、情報

は入手できないと心得てほしい。取引先に積極的に出かけ、情報交換する、同僚と意見交換する、店頭に出かけて、買い物客の動向を観察する、繁華街を歩きながら、消費動向を探る。一見、直接のビジネスとは関連しないように思われる行動が重要、というのも、ある商品がヒットするかどうかは極めて大きな社会トレンドに従うからだ。

　気をつけてほしいのは、ただわけもなく目的もなく動き回ることを勧めているのではないということだ。行動が結果に結びつくためには、問題意識を持つことが必要だ。仮説と呼んでもよい。つまり、市場が今、どのような方向に進もうとしているのか、あるいはある商品開発に注力することは自社にとって良いことなのかといった疑問に対して、自分の答え（仮説）をつくり、その答えが正しいかどうかを確認するために行動を起こしていくのだ。

(471字)

　これでも言いたいことは伝わるが、それはこの文章がまだ500字未満と短いからである。このペースで書いていくと、最終的には必要以上に長い文書となってしまいかねない。

　やや冗長感のあるところを削り、これまでに述べたポイントを意識して添削をすると以下のように修正できる。

⚠️

　私が思うに、優れた商品を企画するためには、世の中の大きなトレンドを敏感に察知する必要がある。そのためには、単に情報が来るのを待つのではなく、能動的に情報を取りに行くことが必要だ。たとえば、取引先や同僚と意見交換をしてみる。あるいは、店頭で買い物客の動向を観察したり、繁華街を歩いて消費動向を探ってみたりするのもいいだろう。その際、すぐにはビジネスにはつながらないようなトレンドや変化にも注意を払うように心がけるといい。

　なお、目的もなく動き回っても効果は小さい。問題意識を持って動いてほしい。仮説（自分なりの仮の結論）を持って動くと言い換えてもいい。つまり、市場が今、どのように変わりつつあるのか、あるいはある商品開発に注力することが適切なのかといった疑問に対して、仮説をつくり、その仮説が正しいかを検証するという意識で行動してもらいたい。

(369字)

　これでかなり読みやすい文章にはなった。しかし、この文章で言いたいことの本質は、

もっと短い文章で語ることも可能だ。時間があらゆるビジネスパーソンにとって貴重な資源となる昨今、常に「第三者」の目を別に持って、徹底的に文章を「絞る」ことがビジネス文書では有効であり、必要なのだ。たとえば先の文章は、文言を大きく削ることで、以下のように修正することが可能だ。内容的に大幅に切ってしまった箇所もあるが、伝えたい文章の骨子はほぼそのまま残っている。

> ◎
> 　私が思うに、ヒット商品を他社に先駆けて生み出すためには、世の中のマクロな動向を敏感に察知する必要がある。その際、問題意識や仮説（自分なりの仮の結論）を持って能動的に情報収集を行い、仮説検証していく姿勢が不可欠であり、ぜひそれを意識し実践してほしい。
> 　具体的な方法としては、取引先や同僚と意見交換をする、あるいは、店頭で買い物客の動向を観察したり、繁華街を歩いて消費動向を探ってみたりするなどが有効だ。
> （199字）

❿ リズムよく書く

　小説ほど強く意識する必要はないが、文章が心地よく読めるリズムも大切にしたい。多くの人は、口にこそは出さないが、心の中で黙読しているものだ。ビジネスの文章も文章である以上は、リズムやテンポといった要素にも気を配りたい。そのためには、今までに述べてきたことに加え、同じ言葉を何度も繰り返さない、あるいは、過去の話も時には現在形を交えるなどして語尾にバラエティを持たせ、単調さを回避するなど、いろいろ工夫するとよい。

　ちなみに、英語などでは、代名詞や「of」「for」といった超頻出単語以外の動詞や名詞は、同じページや段落内では、極力別の表現で言い換える方が良い（エレガントである）とされている。どの言語でも、単調さ、平板さは敵なのだ。

　以下の例を見てみよう。

> △　山田氏は6月に渡欧した。A社社員としては初めての海外留学だった。社内の公募に通っての留学であった。彼は飛行機の中でこう考えた。
> ◎　山田氏は6月に渡欧した。A社社員としては初めての海外留学だ。社内の公募に通っての留学である。彼は飛行機の中でこう考えた。

　日本語の特徴として、過去形の表現が「〜した」「〜だった」のように、バリエーシ

ョンが少ないことが挙げられる。よく翻訳文などで見かけるが、外国語の過去形をそのまま訳してしまった場合などは、典型的にこの傾向が表れ、非常に単調な文章になりがちだ。修正例は、あえて過去の話であっても、現在形を適切に入れることで、そうした単調さを回避したのである。

> ✗ まず、部門間の交流を促進します。それによって全社的なコミュニケーションを促進します。それは新製品開発や業務プロセス改善の促進にもつながることでしょう。
> ○ まず、部門間の交流を促進します。それによって全社的なコミュニケーションを活性化させます。それは新製品開発や業務プロセス改善にも良い影響をもたらすでしょう。

修正前の文章は、わずか2行の間に「促進」という言葉が3回も登場しており、明らかに「洗練されていない」感じがする。修正例のように、意味は維持しつつ、言い換えができないか検討してみるとよいだろう。

⓫ 日本語らしく書く

特に翻訳文章や海外経験が長い人の文章にありがちだが、いかにも翻訳調の文章を見かけることがある。たとえば、無生物主語や代名詞の多用、まだ一般化していないカタカナ英語の使用などだ。本来、日本語は非常に美しい言語であり、正しく用いれば、論理的な文章も情緒的な文章も自在に書き分けられるものだ。

あえて注意をするならば、日本語は、英語などとは異なり、主語を絶対的に必要とするわけではないので、往々にして主語が誰かがわかりにくくなる点がある。そうした事実をもって「日本語は非論理的だ」という主張をする人もいるが、筆者はそれは間違いだと思う。それは言葉のせいではなく、あくまで、正しく伝わるように書かなかった書き手の責任である。ぜひ、日本語らしさを意識しつつ、論理的で説得力のある文章を書きたいものだ。

いくつか例を見てみよう。

> ✗〜△ 何が彼をそのような行動に駆り立てたのだろうか？ おそらく、功名心が彼を暴走へと向かわせたのだ。その功名心は、チームの協力を失わせること、マネジメントの信頼を失うことを強力に促進した。
> ○ なぜ彼はそのような行動をとってしまったのだろうか？ おそらく、功名心がその原因だろう。結果として、チームはまったく協力しなくなり、マネジメントも彼に対する信頼を完全に失った。

> ✗ この3社ともA社よりも、垂直的なオペレーション範囲が狭かった。
> ○ この3社ともA社よりも垂直統合の度合いは小さかった。

いずれも、典型的な翻訳調の文章を修正したものだ。最初の例は無生物主語のみで構成されていたものを、日本語らしく修正した。後者の例は、直訳を意訳に直し、日本語らしい表現とした。

次に代名詞の使い方の例を見てみよう。

> ✗ 山田は鈴木課長より3歳下です。彼はもともとは製造畑出身でしたが、最近営業管理部門に異動になりました。
> ○ 山田は鈴木課長より3歳下です。山田はもともとは製造畑出身でしたが、最近営業管理部門に異動になりました。

会話はともかく、文章では、あまり個人を指す代名詞を多用しない方が日本語らしい。修正前の例では、「彼」が山田さんを指すのか鈴木課長を指すのかがわかりにくい。内情を知らない人はまったく判断ができないだろう。

もっとも、あまり文章中に「山田」が続くようなら、160ページで述べた単調さという問題が出てくる可能性がある。それを避けるために、「誰を指しているか混乱しない」という前提で、「彼」や「彼女」を使うのは許容範囲だろう。

意味がしっかり通じる範囲で主語をうまく省略することも、日本語らしい表現につながる。

> △ 山本産業の宮本さんは根っからの市場原理主義者です。そんな宮本さんのことだから、君の主張する、市場原理を否定するような提案は受け入れないでしょう。
> ○ 山本産業の宮本さんは根っからの市場原理主義者です。君の主張する、市場原理を否定するような提案は受け入れないでしょう。

英語などの欧米言語であれば、センテンスごとに主語を明確にする最初の例で何の問題もないが（代名詞に置き換えることは別にして）、日本語では、明らかな主語（主部）を明示すると、前者の文章のように、かえってくどくなって読みにくくなるのだ。前後の文脈を見ても誰が主語かわからないような文章はもちろん避けなくてはならないが、それが明確な場合は、割愛する方が文章も短くなるし、日本語らしさが出ると心得たい。

最後に、よく見る並列表記のまずい例を見よう。

> ✗ 彼に必要なのは、コミュニケーションスキル、意欲、根気と人脈です。
> ○ 彼に必要なのは、コミュニケーションスキルや意欲、根気、人脈です。

英語などの「... a, b, c and d」の表現からの連想なのだろうが、日本語本来の併記の表現ではない。特に翻訳などではうっかりやってしまいがちだが、細かい箇所にも注意したい。

> ✗ 彼に必要なのは、コミュニケーションスキルを伸ばし、加えて意欲、根気と人脈です。
> ○ 彼に必要なのは、コミュニケーションスキルを伸ばすこと、そして意欲を高め根気強く物事に取り組むこと、そして人脈を広げることです。

並列の場合、名詞は揃えるのがルールだ。修正前の文章は、並列のさせ方がおかしくなったせいで、文章が閉じていないという点も指摘できる。

2 もう一工夫する

ここまで説明したことを意識していただければ、ほとんどのケースで、ストレスなく読みやすい文章は書けるはずだ。流麗華美な美文を追い求める必要はないが、読み手に配慮して、より良い文章を書こうとする意識を持つことは必要だ。本章の最後に、さらに気をつけていただきたいポイントをいくつか紹介する。

❶差別用語やポリティカル・コレクトネスに配慮する
❷紋切表現や常套句は控えめに
❸最大公約数的な表記ルールは遵守する

❶ 差別用語やポリティカル・コレクトネスに配慮する

ポリティカル・コレクトネスは「政治的公正」などと直訳されるが、社会的に摩擦を生むような言動を避けることをいう。現代は、広い意味でのCSR（企業の社会的責任）が強く求められる時代であり、当然、ビジネスの文章にもそうした配慮が求められる。「言葉狩り」につながるような、過剰な「事なかれ対応」が好ましいことであるとは考えないが、すでに社会通例化している表記については、踏襲するのがよいだろう。

● **ジェンダーに関する配慮**
△ ビジネスマン
○ ビジネスパーソン

△ 見つかった医師がどれだけ献身的な医師だとしても、彼にも自分の都合というものがある。
○ 見つかった医師がどれだけ献身的な医師だとしても、彼／彼女にも自分の都合というものがある。

これらの配慮は昨今、常識化しているといえよう。中には「スポーツマンシップ」のように書き換えが難しい用語もあるものの、必要以上に一方の性を強く連想させる用語は、中性的な表現で置き換えるのが昨今の流れである。ちなみに、筆者は書籍やコラムを書く際、架空のケースの登場人物などは、極力男女のバランスがよくなるように配慮している。

● **差別用語に関する配慮**
△ アメリカの黒人
○ アフリカ系アメリカ人

× ジプシー
○ ロマ

× 片肺飛行
○ 「必要な資源が足りず、安定を欠く運営」など

△ 「オタク文化」
○ いわゆる「オタク文化」

最初の例などは、プロスポーツの話をするのであれば、いまだに「黒人選手、白人選手」という言い方も用いられるなど、ケースバイケースということも多い。先述したように過剰な言葉狩りにならないようにしながらも、世の中の動向を見たうえで、状況や読み手に合わせた配慮を心がけたい。

❷ 紋切表現や常套句は控えめに

　紋切表現や常套句は、ある意味、書き手の手間を省く便利なツールだ。内容そのものよりも、スピードが重視される局面では、特にメリットは大きい。しかし、そうしたケースでもないのに、あまりに紋切り型の表現が続くと、逆に「この書き手は何も考えていないのではないか」という疑念をもたらしかねない。紋切表現や常套句をまったく用いるな、とは言わないが、可能な範囲で控えめに用いるのが文章力向上にも役に立つ。

　以下はありがちな紋切表現の例である。読み手ももはや感覚麻痺に陥って、ことさら何も感じないかもしれない。しかし、だからこそ、紋切り型ではない「自分の言葉」で書くことで印象づけるチャンスでもあるのだ。

> ✕〜△
> 　先日はAさんの葬儀に参列させていただきました。皆一様に伏し目がちで、肩を落とされていました。白いハンカチで目頭をおさえる女性の姿も多く、すすり泣きが会場の至るところから聞こえてきました。そんなところに生前のAさんの人柄が偲ばれると強く感じました。これからご恩返しをしたいと考えていた矢先、誠に残念至極です。Aさんにはこれからは草葉の陰から見守っていただければと思います。

> ○
> 　先日はAさんの葬儀に参列させていただきました。人望のあったAさんの葬儀ということもあって、会場は通常の葬儀以上に悲しみに包まれていると感じました。Aさんには生前、本当にお世話になりました。資金繰りでは大変に苦労をしていましたので、最初にAさんから融資のご回答をいただいた時は夢のようでした。あの融資があったからこそ、今の私たちがあると思っています。何としてもこのご恩はお返ししたいと思っていただけに、私たちの成長をお見せできないのが残念でなりません。しかし、悲しみにめげることなく、Aさんの墓前に自信を持ってご報告できるよう、これからも頑張っていきたいと思います。

❸ 最大公約数的な表記ルールは遵守する

　書き物や編集を仕事としている人間にとってはすでに型として身についていることでも、一般のビジネスパーソンにとっては、新聞や雑誌、書籍などで用いられている表記ルールを遵守するのは難しいことだ。

　読者の皆さんは編集者や校正者といったプロではないと思うので、すべてを覚える必要はないが、これを励行すると文章がすっきりするといったものをいくつか紹介しよう。

● 「 」や（ ）の中に句点は入れない

　小学校の国語では、文章の最後は必ず句点（。）を入れるという教え方をしているようで、「 」や（ ）の中の文章も最後に句点を入れるようだが、雑誌や書籍などは、「 」や（ ）の中には句点は入れないのが標準だ（試しに、そばにある雑誌や書籍を見てほしい）。

> △ 彼女は、「明日は夜遅くまで仕事があるから、昼出社にする。」と言っていました。
> ○ 彼女は、「明日は夜遅くまで仕事があるから、昼出社にする」と言っていました。

> △ 彼女は私に言った。「明日は夜遅くまで仕事があるから、昼出社にする。」そして彼女は、そのことをメールで関係者に伝えた。
> ○ 彼女は私に言った。「明日は夜遅くまで仕事があるから、昼出社にする」。そして彼女は、そのことをメールで関係者に伝えた。

> △ それは基本的に契約違反でしょう（もちろん、契約書にその旨書いてある場合は例外ですが。）。
> ○ それは基本的に契約違反でしょう（もちろん、契約書にその旨書いてある場合は例外ですが）。

● 書名や商品名を示す『 』や「 」

　一般に、書籍名は二重カギカッコ『 』、商品名はカギカッコ「 」で示すのが標準的な表記ルールである。雑誌名は、「 」をつける場合もあればつけない場合もある。
　なお、商品名の「 」は、公式の文書、あるいはマーケティングの専門の議論などをしている時にはつけることが望ましいが、一般のメールなどでは、それが商品名だということがわかりさえすれば、あえてつけなくても問題はない。

> ○ 昨日、スーパードライを飲んだ。（日常のメールの場合）
> ○ 「スーパードライ」成功の要因は、消費者の嗜好の変化を捉えたことだけではなく、チャネル構造の変化や、瓶ビールから缶ビールへの飲み方のシフトなど、さまざまな要因が絡まったものである。（マーケティングに関するレポートの場合）

　公式文書であっても、なかば一般名詞化した商品名は、「 」を省くことが多い。たとえば、「セロテープ」や「ガムテープ」「テトラポッド」などだ。「ガムテープ」を粘着テープ、あるいは「テトラポッド」を消波ブロックなどと書くと、かえってわかりにく

い文章となってしまう。

> **Column：固有名詞は正確に**
>
> 　文章テクニック以前の作法として、固有名詞は正確に書くということがある。人名はもちろんのこと、組織名、商品名なども、それにプライドを感じている人が多いので注意することが望ましい。
> 　人間には認知ニーズという根源的なニーズがある。人に認知してほしい、さらに言えば、正しく知ってほしいという欲求である。名前を覚えられていなかったり、間違えられたりするというのは、人間のそうした欲求を損ねることになり、ビジネス上、大きなマイナスである。ぜひ気をつけたい。
> 　ちなみに、企業名などで頻繁に見かける書き間違いは、以下のようなものだ。
>
> - ❌ 富士フィルム　⭕ 富士フイルム
> - ❌ キャノン　⭕ キヤノン
> - ❌ ユニチャーム　⭕ ユニ・チャーム
> - ❌ ボストンコンサルティンググループ、ボストン・コンサルティング・グループ
> - ⭕ ボストン コンサルティング グループ
>
> 　なお、慶応大学と慶應大学、あるいは慶應義塾大学のように、どこまで短縮形や異字体にこだわるかという問題もあるが、それらはどれも「間違い」というわけではないので、状況に応じて考えるのが現実的だ。たとえば、郵便物の宛先や履歴書には正式名称の「慶應義塾大学」を用い、同僚とのメールであれば「慶応大学」を用いるなどである。
> 　ただし、組織名などにはそれほどこだわらない人でも、自分の名前についてだけは、異字体にこだわる人も多い。常日頃当人がたとえば「嶋田」と書いているなら、「島田」ではなく「嶋田」と書く方がよいだろう。異字体で書かれると、自分ではない気がするという人も少なくない。ワープロで変換できない字体は仕方がないが、普通に変換できるのであればなるべく本人の使う表記に合わせたい。

ここまでに説明したこと以外にも、

- 尊敬語や謙譲語を適切に使い分ける
- 「れる」「られる」が使役か尊敬語かが明確になるように書く
- 数詞を正しく使う（例：タンス 1 棹）
- 重ね言葉を使わない（例：あらかじめ予告する、違和感を感じる）

など、気をつけたいポイントは多々ある。

　スペースの関係もあるので、これらについての詳細な説明はしないが、ぜひ、読み手を意識した「もう一工夫」にも意識を向けていただきたい。スピードや手間とのトレードオフにはなるが、公式文書としての度合いが高いほど、そうした「洗練度合い」は意識したいものである。

第6章
文章を書くプロセスと心構え

POINT

最終的に良い文章か否かを判断できることと、実際に自分でそれが書けるようになることの間には大きな溝がある。その溝を埋めてくれるのが、プロセスの理解と、書くための心構えを持つことだ。

CASE

　大山絵里は悩んでいた。広報部に依頼された文章がなかなか書けずにいるのだ。
　大山は、ベンチャー系の生命保険会社、セーフティライフ社に勤める30歳の若手ビジネスパーソンで、会社では審査などを担当している。セーフティライフ社は、それまでの生命保険会社とは異なり、営業担当者を抱えるのではなく、ネットを活用したプル型のマーケティングを行うネット生保である。営業担当者を置かないことから固定費が少なくて済み、その分保険料を安くすることができる。また、顧客が数十の審査項目にネットから入力すると、希望の保険に加入できるかどうかや、保険料を直ちに算出できる独自の審査システムを持っており、それを売りにしている。ネット生保の中ではやや後発ではあったが、審査基準を若干緩めに設定することで、ミドルリスク・ミドルリターンの顧客層を狙っている。幸い業績は順調で、数年後には株式公開（IPO）も視野に入れていた。

　広報部からの依頼は、「ベンチャー企業における、女性のキャリアディベロプメントとワークライフバランス」というテーマで5000字ほどの文章を書いてほしいというものであった。大山は、最近にしては比較的若い26歳で結婚し、2年前、28歳の時に第一子を授かっていた。1年間の育児休暇の後、ワーキングマザーとして働いていたのである。広報部にとって、そうしたキャリアを持つ大山は、今回のテーマにぴったり合う人間だったのだ。
　この文章は、ホームページの人材募集コーナーに掲載される予定である。5000字という文字数は、ウェブで4ページくらいに相当する分量であった。編集部の方で校正などは入るものの、ベンチャー企業ということもあって、手取り足取り構成や内容まで指導してくれるというわけではない。広報部の担当者からは、「『てにをは』とか誤字とかはチェックしますが、大山さんの文章がほぼそのまま掲載されるという気持ちで書いてください」と釘を刺されていた。

　審査部に勤める大山にとって、業務上のテンプレート（書式）がほぼ定まっている書類を書くという仕事は日々行っていたが、今回のような自由度の高い文章を書く機会は

なかなかなかった。プライベートでソーシャルメディアなどに自由気ままに文章を書くこともあったが、それは基本的に友人や知人を相手にしたものであり、格式ばったものではなかった。今回のように公的な性格が強く、かつテーマが明確に定められているものをしっかり書くという機会はこれまでにほとんどなかったのである。

　5000字は、文章を書きなれている人間にとってはたいした量ではないかもしれないが、書きなれていない大山をひるませるには十分な量であった。そして1文字も書けないまま、気がついたら締切りは1週間後に迫っていた。
　焦る大山は心の中で自問していた。
「『ベンチャー企業における、女性のキャリアディベロプメントとワークライフバランス』といっても、いったい何を書けばいいのかしら。自由度が高すぎて、逆に何をどこから書いていいかわからない。優秀な女性がウチの会社に入りたいと思ってくれるのが大事なことはわかるんだけど……。そもそも、自分の経験からだけで書いていいのか、それともある程度の一般性を盛り込んだ方がいいのか。それなりに言いたいことはあるけど、それをどうつなげたらいいんだろう。特に、書き出しのイメージがまったく湧かない……。どうしよう」

解説

　ここまでは、主に「ビジネスにおいてはどのような文章が望ましいか」という視点から説明を加えてきた。言い換えれば、最終的な「結果」としての文章の出来に着眼してきたわけである。

　しかし、ある程度最終形の良し悪しが判断できるようになったとしても、それだけでその最終形に至るというわけではない。もちろん、センスの良い方であれば、これまでに説明したことを踏まえ、実践を積めばかなり良いビジネス文書を書けるようになるだろう。しかし、それだけではビジネスで文章のことについて悩む多くの読者の方にとっては不満だろうし、後輩や部下を指導するうえでも効率が悪い。

　特に、冒頭ケースに示したような5000字程度の公式文書や、さらに長いビジネスレポートなどは、どこから手をつけていいかわからない、あるいは方向性は把握したものの、書かなくてはならない分量を想像すると筆が動かない、という人は多い。

　そこで本章では、比較的長めのビジネスレポートなどを想定し、効率的に結果を生み出すための「プロセス」と、そのプロセスを実りあるものにするための日々の「心構え」について簡単に触れていくことにする。これらは、当然、短めの文章にも応用可能であるし、組織全体のライティングスキル、そしてそのベースにある思考スキル向上を加速するうえで必要不可欠なものだ。

　プロセスや心構え、特にプロセスというと、人によっては「画一的で窮屈にならないか」「その時々のニーズに応えられないのではないか」といった問題意識を持たれるかもしれない。しかし、たとえば製造業では、どのような製品であれ、良いモノをつくるためのプロセスはかなり確立しているし、そのための日々の心構えも、プロセスに比べれば企業色は強く出るものの、かなり浸透しているケースが多い。昨今では、製造現場のみならず、比較的個人技に頼り気味だった営業などの現場においても、プロセス管理はかなり浸透している。

　本書では、さすがに製造や営業プロセスとは異なり、KPI（Key Performance Indicator：重要業績指標。営業プロセスにおける「訪問件数」や「訪問から引き合いにつながった比率」など）まで設定するようなことはしないが、良い文章に結びつく手順や、ショートカットすべきではない手順などについてはしっかり説明したい。また、心構えについては、日々の心がけで大きく差がつくと考えるものをいくつか紹介する。

1 ● 文章を書くプロセス

まず、文章を書くプロセスについて見てみよう。大きなプロセスとしては、**図表6‐1**に示したような4つのプロセスがあり、それと同時並行で、「時間管理」という意識を併せ持つ必要がある。

なお、文章を読み手に提示した後のアフターフォロー（例：告知のメールを出した後に、ある期間をおいてリマインドのメールを流す）も1つの重要なプロセスであるが、ここでは割愛する。最初の文章の効果を踏まえたうえで、当初の目的も意識し、しかるべきアクションをとるようにしたい。

このことからもわかるが、図表6‐1のプロセスは、1度回したらお終いというわけではない。そもそもコミュニケーションは、状況によって時間軸こそ違ってくるものの、ある程度はやり取りが続くことが前提となる場合が多いものだ。

文章もコミュニケーション手段の一形態である以上、当然、ある文章を書いたら、読み手の反応に応じて、最初の目的を果たすためのサブ目的を立て（あるいは目的自体を修正し）、新たなプロセスを回さなくてはならないことは意識しておきたい。

図表6-1　ビジネスにおける文章作成のステップ

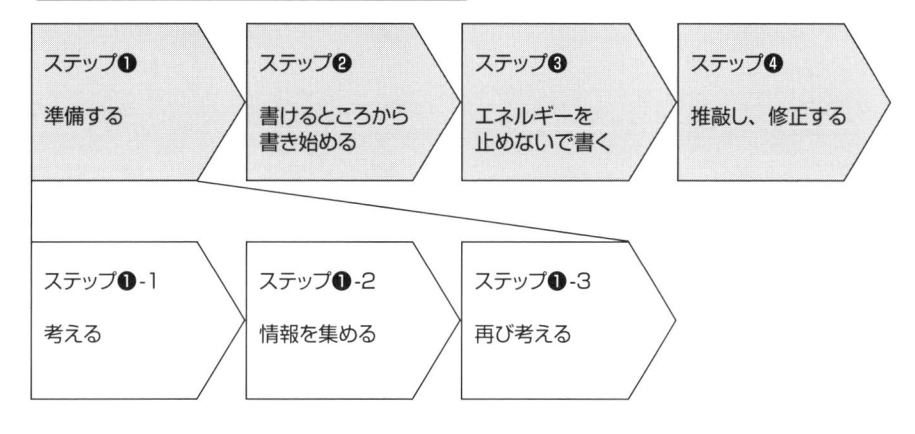

ステップ❶	ステップ❷	ステップ❸	ステップ❹
準備する	書けるところから書き始める	エネルギーを止めないで書く	推敲し、修正する

ステップ❶-1	ステップ❶-2	ステップ❶-3
考える	情報を集める	再び考える

時間管理をする

また、図表6-1のプロセスは一方通行のプロセスではなく、行ったり来たり試行錯誤しながら徐々に進めるプロセスであることも断っておく（これはステップ内のサブステップについてもいえることだ）。

2 ステップ❶：書き始める前に準備する

書くためのステップ❶は、まずは準備である。これはビジネス・ライティングだけではなく、あらゆるビジネス関連の行動の原則といえるだろう。もちろん、自分に来たメールに対して、ほとんど時間をかけずに「了解です」あるいは「Thanks!」などとだけ書くようなシーンも確かにある。

しかし、これらはビジネスパーソンの使う時間から考えれば実はレアケースであり、ある程度まとまった文字数の文章を書く場合には、やはり準備は必要なのだ。一般に、以下のような状況になればなるほど、準備により多くのエネルギーを割かなくてはならない。

- ビジネス的に重要度が高い（例：より重要な顧客向けの提案文書）
- 背景を説明しなくてはならない度合いが高い（例：海外の提携見込み先への説明文書）
- 物理的に書かなくてはならない文字数が多い（例：長めのレポート執筆や、雑誌への論文寄稿）

ここでは、準備をまず3つのサブステップ——❶考える、❷情報を集める、❸再び考える——に分けて見ていこう。

❶ 考える

最初のサブステップは、まずざっくりと大きな方向性、大枠を考えることだ。ここで考えるべき主なこととしては以下がある（もちろん状況によっては、いくつかは最初から明示される場合もある）。

【この段階で詰めておきたいもの】
- その文章を書く目的（Why）、想定される読み手のラフイメージ（Whom）
- 締切りはいつか（When）
- 誰が書くべきか（Who）…（本書では基本的に自分が書くことを想定しているが、忙しい管理職の場合などは、「誰に書かせると組織として効果的か」という要素も生じる）

【仮説レベルでもいいので考えておきたいこと】
- 大きな方向性として何を書くか、メインメッセージは何か（What）
- 大きなサブ項目としてどのような項目を立てるか
- どのように説得性を持たせるか。そのための根拠となる情報をいかに集めるか
- トーンはどうするか
- 媒体として何を用いるか
- （時間や場所をどう確保するか）

　具体的な内容は、集まった情報で変わることもあるが、どのような目的の文章をいつまでに書くかということは、最初の段階でしっかり確認したり考えたりしておくべきである。なお、ここでいう「考える」は、頭の中でぼんやりと思いを巡らすだけではダメである。そうした考えは、忙しい中では、一晩経つときれいさっぱりと忘れてしまうことも多いからだ。そこまでいかないまでも、「あれとあれって、どう結びつくんだっけ？」ということになりやすい。

　この段階ではきれいな文章にする必要はなく、メモ書き程度でもかまわないので、必ずワープロなどにアイデアを書きとめておく、あるいは、手書きでノートに書きつけたり、付箋紙などを活用して記録に留めたりしておくことが必要だ。

　読者の皆さんには、ぜひ以下の言葉を念頭に置いてほしい。

　　読むことは人を豊かにし、
　　話し合うことは人を機敏にし、
　　書くことは人を確かにする
　　（フランシス・ベーコン）

❷ 情報を集める

　上記で考えたことを踏まえたうえで、次は、情報、特に仮説的なメインメッセージをサポートするための情報を集める。言い方を変えれば、仮説検証の作業を行うということだ。情報収集の方法にはさまざまなものがあるが、**図表6-2**に代表的なものを紹介する。それぞれメリット・デメリットがあり完璧な方法はないので、目的や時間、費用対効果を勘案しながら、必要に応じて複数の方法を補完的に使う。

　この準備段階でどこまで仮説検証するかは、文章の重要度や最終的に求められている文書の長さで変わってくる。レポートなど長い文書では、この段階ですべての仮説検証

図表6-2　情報収集の方法

	メリット	デメリット
書籍・新聞・雑誌など	●簡単に入手 ●基本から詳細なものまで、さまざまなレベルのものがある	●該当するものが多数あるため、目利きが必要
データベース	●網羅的 ●過去情報が蓄積されている	●データベースにより精度にバラつき ●（比較的）高額
ネット検索	●簡単に入手	●信頼性が低い
インタビュー（ヒアリング）	●知りたい情報を深掘りできる	●インタビューする人・される人の主観に大きく影響を受ける ●実施が大変
アンケート	●一度に大勢に聞くことができる ●知りたい情報をピンポイントで聞ける	●母数、分析手法によって精度にバラつき ●収集に時間がかかり、実施も大変
観察	●現場でしか得られない生情報が入手できる	●観察者の力量により、得られる情報量・質にバラつき

を終わらせるのは現実的ではなく、書きながら微調整をしていくことが多いため、「企画書」がしっかり書けるレベルであれば十分だろう。

一方、2～3000字程度のブログ文章などであれば、この段階である程度材料を集めてしまうのがいいだろう。ただし、178ページで後述するように、人によっては、文章を書き始める前に必要以上のプレッシャーを感じてしまって、1文字も書けないという場合もある。それではかえって逆効果なので、そのタイプの人は、多少見切り発車にはなるが、まずは書けるところから書き始めながら、同時に情報を集めるのが現実的である。

集めた情報は、特に明確な主張が求められる文書の場合、第2章で紹介したピラミッド・ストラクチャーの構造を意識して、「根拠としての塊」ごとに仕分け整理しておくといい。

あるいは明確な1つのメインメッセージがない場合でも、テーマや関連性を意識してカテゴリーごとに分けておくとよい（この時、KJ法などが役に立つ。詳しくは『発想法―創造性開発のために』川喜田二郎著、中央公論新社、1967年および『知的生産の技術』梅棹忠夫著、岩波書店、1969年などを参考のこと）。たとえば、「市場に関する情報」「競合に関する情報」「自社に関する情報」といったまとめ方である。情報量が多いようなら、

さらにサブグループをつくって仕分けしておくと後に構造を考える際にやりやすくなる。「顧客に関する情報」であれば、「Aタイプの顧客に関する情報」「Bタイプの顧客に関する情報」「Cタイプの顧客に関する情報」などに分けていったん整理しておく。

❸ 再び考える

情報がある程度集まり、メインメッセージとそれを支えるサブメッセージ（ロジックの柱）の目途がついたら、その完成度について検討する。提案書などでは、この段階で図表2-2に示したようなピラミッド・ストラクチャーをつくることで、完成度を浮き彫りにし、その文章に説得力があるかが一目でわかるようにする。

各々の「論理の三角形」に説得力がないようなら、つまりロジックとそれを支える根拠が弱いようなら、もう一度仮説検証に戻って作業をやり直す。ただし、その段階では完成度が低くても、それは情報が少ないだけであり、あとで大きく結論がひっくり返る可能性が低いと考えられるのなら、この段階で文章を書き始め、それと同時並行で足りない情報収集を行うこともある。

どちらが良いかは微妙だが、書くという作業は思考を磨き、深め、時にはまったく新しいアイデアに導く効果もあるので、微妙と迷った時には書き進める方がよい場合が少なくない。一番良くないのは、この準備の段階で思考が停滞してしまって、1文字も書けないまま身動きがとれなくなってしまうことだ。

● 構成、トーンを考えておく

この段階でじっくり考えたいこととしては、ロジックもさることながら、第4章で述べた構成や、全体のトーンなどである。読み手の立場に立って、どういう構成やトーンが彼らの心に響きそうかをしっかり考えておきたい。

特にトーンはこの段階でしっかり決めておきたい。構成は、電子的な文書の場合、あとでカット＆ペーストすれば比較的簡単に編集できるが、ある程度の文章量になるとトーンを全部書き換えるのは意外に億劫なものだ。たとえば「です・ます」調で書いていたものを、5000字くらい書いてから、主張を強く打ち出すために「だ・である」調に変えるだけでもけっこう面倒なものである。こうした単純なトーンのみならず、「危機感を醸成するようなトーンで書くのか、それとも未来に向けてワクワクできるようなトーンで書くのか」など、トーンの設定は文書全体の印象に影響を与えるだけに早めに方向性を決めておきたい。

3 ● ステップ❷：書けるところから書き始める

　ここで最も重要なのは、書けるところからまず1行、1段落、1ページでもいいから書くということだ。しっかりステップ❶が踏まれていれば、ある程度は、構成や使えるパーツ、ネタの目途はついているはずである。そうした使えるパーツやネタも活用して、形にできそうなところをどんどん書いていくのである。

　レポートなど特に長めの文章の場合、書けない人で最も多いのは、冒頭から書こうとしてうまく書けず、そこで頓挫してしまう人だ。そうした書けない時間が長く続くと、最初のエネルギーが失われ、考える気力やそのための時間も失せていくことから、ますます書けなくなるというバッドサイクルに陥ってしまう。文章は、冒頭から書かなくてはならないというルールはない。まずは書けるところからどんどん書いてパーツを揃え、想定される字数に近づけていくというのが、精神衛生上の面からも、デジタル時代のビジネス・ライティングでは効果的である。

　なお、あるパーツについて書いていると、たとえば「こんな事例を入れたいけど、今は良い事例が浮かんでこない」「何かここで締めの言葉を入れたいけど、良いフレーズが出てこない」というシチュエーションは非常によく起こる。

　そうした時は、そこで悶々と考えて時間を浪費するよりも、目印をつけてその部分は保留にし、書けるところを先にどんどん書いていくことが望ましい。

　筆者の場合は、通常、文字の色を変えて書くべきポイントを簡単にメモしておいたり、文章が入る予定の箇所に「XXXXXX」、「ダミーダミーダミーダミーダミーダミー」のようなスペースを入れておいたりする。これが絶対的なやり方というわけではないので、ぜひ皆さんなりに工夫されたい。

> **例**
>
> 代表的な意思決定パターンの1つは、「目的と解決策との整合、合致度合い」に基づく判断だ。たとえば「コンサルティング営業力強化セミナー」を外部に発注する場合、皆さんが研修の企画担当者なら、どちらの営業担当者から引き続き話を聞きたいと思うだろうか？
>
> 営業A氏：（表層的な特徴だけを述べ立てる例を入れる）
>
> 営業B氏：（効果をうまく打ち出す例を入れる）

> XXXXXXXXXXのように自社の表層的な優位性を前面に出すA氏のセールスでは、顧客のニーズに応えられるかどうかわからない。XXXXXXXXXX を訴求したB氏とは対照的だ。ある程度のレベルの選定眼を持つ購買者であれば、A氏のセールスに対して、「無駄な出費になりそう」と判断し、B氏を選ぶ可能性が高いだろう。

　これとは逆に、良い内容やフレーズを思いついたものの、現段階ではどこに挿入するのが効果的か直ちに判断できない場合がある。そうした時は、まずその小パーツを書いてしまい、目印をつけたうえでどこかの箇所に仮置きしておく、もしくは、そのパーツをしっかりラベリングしてプールしておくとよいだろう（筆者がワードで文章を書く場合には、ファイルの末尾にタイトル〈ラベル〉をつけて置いておくことが多い。文書内での検索や作業効率を勘案してのものだ）。

　たとえば、本書では第2章65ページで「ビッグワード」に関する説明をしたが、最初は、このパートを絶対どこかには入れたいものの、どこに入れるのが最もいいか判断がつかなかった。そこで、まずは内容を先に書いておき、あとで（微調整すれば）どこにでも挿入できるようにプールしておいたのである。

　ところで、時には、文章執筆中ではなく、電車の中や、眠りに入る直前に、良いアイデアやフレーズが思い浮かぶことがある。そうした時には、なるべくすぐにメモをとれるようにしておくといい。

　余談だが、良いアイデアが湧く場所として、昔から「作文三上」、すなわち「馬上（現代なら車や電車の中か）」、枕上（布団の中）、厠上（トイレ）が言われることがある。どれもメモがとりにくい場所だが、記憶が新鮮なうちに何かに書きつけることをお勧めする。

●──── 書きながら考える

　これは次のステップとも共通することだが、先述したように、書くという行為は考えを発展させていくものである。ステップ❶でどれだけ論を詰めたつもりになっていても、書き始めれば別のアイデアが浮かんでくるし、「この情報では説得力が弱いな」「事例としてインパクトが弱いな」などと感じて、新しい情報収集が必要だと感じ始めるものだ。時には、最終結論を見直さなければならないと感じる状況も出てこよう。

　このような場合は、いったんステップ❶に戻って、情報収集や文書全体の再構成を行うことになる。これが、先に書いた「試行錯誤し、プロセスを行ったり来たりしながら前に進む」ということである。とはいえ、自由度の極めて高いブログなどを除くと、通常のビジネス文書は時間との戦いである。そもそも、ビジネスにおける仮説検証を

100%の精度で行うのは難しいという状況がある。物理学のように不変の真理があるというわけではなく、ビジネスの環境は刻々と変わっていくからだ。

したがって、現実的には、100%の読み手に納得してもらうまで仮説検証を繰り返すというのではなく、60〜90%くらいの人が十分に納得する材料が得られれば、前に進めるうえでは十分、ということが多い。

第2章で書いた「ファクトベースで説得力を」という話と矛盾するようだが、決してそうではない。あくまでファクトに基づき、ロジックを組み立てるわけだが、読み手によって価値観や判断基準、過去の経験、持っている情報などが異なるというビジネスの特性上、どうしても全員が納得するわけではないということである。納得はしないまでも、書き手がなぜそのような主張をしたのかを明確にすることが重要なのだ。それが建設的な議論にもつながっていく。

4 ステップ❸：エネルギーを止めないで書く

最初はなかなかペースが上がらなくても、いったん書き始めて考えがまとまってくると、どんどん書くペースは速くなるものだ。可能であれば、そうなった時には別の仕事にあまり注意を向けすぎず、一気に書き終えてしまうことが望ましい。長いレポートなどは、一気に最後まで書くことはなかなかできないが、それでもある程度切りのいいところまでは一気呵成に書いてしまうのが効果的だ。

なぜなら、いったん別の仕事に注意を向けてしまうと、もう一度書き始めてトップスピードを取り戻すまでに時間がかかってしまうからである。間が空けば空くほどその傾向は強くなるし、いったん高まったモチベーションも下がり気味になってしまうものだ。

特に、「フロー」あるいは「ゾーン」と呼ばれる、滑るように筆が進む状況になったら、それを中断するのは得策ではない。その状況が続いている間に、一気に進めてしまうのが効果的である。なお、フロー（ゾーン）とは、心理学者のミハイ・チクセントミハイが提唱した概念で、やっていることに完全に没入して精神集中し、高い生産性につながるような状態をいう。バスケットボールの選手であれば、相手選手の次の行動が完全に読め、しかも相手の動きを遅く感じ、打つシュートがすべて入ってしまうような状態だ。

実は、ステップ❶に書く場所や時間についても考える必要があると書いたのは、こうしたフロー状態に入る可能性の高低も含め、書く効率を意識してのものだ。数千字程度までの文章であればそこまでこだわる必要もないだろうが、1万字を超えるようなレポートであれば、ある程度しっかり集中できる（フロー状態に入れる可能性が高い）場所や

時間を確保することも、生産性を上げるうえでは重要なのである。

◉——— 語りかけるように書く

　個人差はあるだろうが、一気に書くコツは、目の前に人がいるとイメージして、その人に語りかけるように書くことである。PCをその相手だと思ってもかまわない。多くの人にとって、文章は、「きれいな文章を書こう」と考えるから滞ってしまうのだ。目の前に人がいて、その人にわかりやすく、心に響くように語りかける——それをイメージしながら、その文言をキーボードで形にしていくと速く書けるし、結果的にわかりやすい文章になるものだ。筆者の場合は、黙読しながら、自分に説明するようなイメージで書くことが多い。

◉——— 検索を活用する

　効果的に書くうえで、検索は、注意しながらも大いに活用すべきである。もちろん、大学生がレポートを書くにあたって、ウェブ検索でパーツを探し、それをカット＆ペーストするだけで仕上げてしまうようなものは論外だが、適度に検索を活用することはスピードを大いに速める。

　●社内文書からの検索
　社内文書から検索してそのフォーマットやフレーズを再活用するのは有効だ。特に自分がかつて書いた文章は許可を必要としないので、うまく活用すれば効率が良い。筆者はメールや原稿などは、（サーバなどの容量との相談だが）比較的長期間にわたって保存し、すぐに取り出せるようにしている。

　社内の他人の文章をどこまで検索できるかは、受信メールを除くと、その企業がどこまでナレッジ・マネジメントに取り組んでいるかに大きく依存する。これは一個人としてどうにかなるようなものではないが、経営者としては、提案書やセミナー告知文章といった使用頻度の高い重要文書は、ある程度データベース化して組織の生産性を高めるために利用することを検討すべきである。

　注意すべきなのは、このやり方は、古いものを転用するということなので、あまり安易にやりすぎると、新しい事柄を考える力を削ぐことにつながりかねないという点だ。実際、あるエンターテインメント系の企業などは、過去と似たようなものを出さないため、あえて過去の文書は（慶弔文などを除いて）すべて参照できないようにするという。

　過去の蓄積の利用と、新しいものへの挑戦のバランスは難しい問題だが、従業員の習熟度と、自社の成功のカギ（KSF）も見据えたうえで考えていくべきテーマといえよう。

● ウェブでの検索

　知的生産に関して、インターネット時代以前と、それ以後で最も変わったことの１つは、すべての事柄を知っていなくても、必要に応じてウェブ上である程度の情報を見つけ出せるようになったことだろう。たとえばあるテーマについて書こうとした時、キーワードをうまく使って検索すれば、「元ネタ」「材料」になるような文章がすぐに数個は見つかる。問題はそれをどこまで利用するかだ。自分なりの切り口や主張が明確にあり、あくまで材料のごく一部として（必要に応じて出典も明記したうえで）用いるのであれば、基本的には問題はない。

　なお、引用するときは妥当な文章量に押さえつつ（通常は１ページ以内）、出典を明記することが必須である。

5 ● ステップ❹：推敲し、修正する

　良い文章を書くうえで、絶対に省略してはいけないのが、この推敲、修正のプロセスだ。「そんなこと、当たり前じゃないか」と思う人もいるだろうが、その当たり前のことができていない人が意外と多い。

◉──── 推敲、修正は企業の「品質管理」と同じ

　推敲、修正は、製造業でいえば、品質管理のチェックをすることに等しい。つまり、推敲、修正なしに文章を読み手に見せてしまうのは、品質管理をしないまま製品を顧客や下工程に流してしまうことと同様である。特に、自分自身が書き手でもあり最終的な「門番（ゲートキーパー）」になる場合、自分の推敲、修正が甘いと、読み手や会社に大きな迷惑をかけてしまう可能性すらあることは念頭に置いておきたい。

　しばしば、顧客向けの文章は慎重に見直す人でも、社内文章になるとチェックが急に甘くなる人がいるが、これもいただけない。生産管理の世界では、「下工程はお客様」という言い方をすることで品質管理の重要性を喚起し、社内であっても顧客と同様の注意を払うよう意識付けをする。文章も同じだ。他人に文章を読んでもらう以上、仮にその相手が社内の人間であっても、最低限の礼儀として再度読み返し、最低限の修正は施してから相手に渡すのが常識である。冒頭ケースの例であれば、大山は書いたものをすぐに広報の担当者に渡すのではなく、しっかり推敲してから渡すのが礼儀である。社内だからといって、相手の好意によりかかるのではビジネスパーソン失格である。

◉ 推敲、修正する際には「最初に書いた時とは別の目」で

　文章、特に長い文章を推敲、修正する際には、最初に書いた時の自分とは異なる「人格」で文章に向き合うことが望ましい。苦労して書いた文章だと、どうしても削ったり大幅に変更することに気が向かないものだが、それではいつまで経ってもせいぜい微調整に留まり、抜本的な改善につながらない。サンクコスト（過去にかけた、取り返せない手間暇）に引っ張られず、どうすればより良い文章になるのかを、「捨てる勇気」「削る勇気」を持ちつつ、しっかり考えることが必要だ。

　一気に書いている途中で同時にそうした目を併せ持つことは難しいが、文章がまとまったら、必ずもう一度、別の視点から冷静に、冷徹に文章を見直したいものである。

　文章の緊急度や長さにもよるが、これを効果的に行う最も簡単な手法は、１日寝かせたうえで、翌日に見ることだ。特に十数ページに及ぶようなレポートの場合は有効だ。緊急のメールなどではなかなかそうした時間はとれないものだが、それでも重要なメールであるなら、一呼吸おいて気分転換してから最低１、２回は読み返したいものである。

　なお、重要なクライアントへの報告レポートなど、特に重要な文書は、第三者によるチェックも入れることが望ましい。第三者の視点は、自分が、まったく気づかなかった新しい視点をもたらすこともあるし、文章表現のみならず、次に述べる、「そもそもの文章の目的」が効果的に果たせるか否かを判断する材料にもなる。

◉ もう一度、読み手が誰で目的が何であったかを確認する

　推敲という言葉は往々にして文章表現の修正に用いられる言葉であるが、ビジネスの文章においては、それに留まらず、そもそも読み手は誰で、何のために書いた文章なのか、といったことを再確認することも含む。どれだけ誤字もなく読みやすくて体裁としては完璧でも、そもそもの目的に照らして効果がなければそれはまったく価値のない文章だ。

　本書の第１章から第５章までで説明してきた以下の項目を一通りチェックし、必要に応じて修正したうえで書き手に提示するのが礼儀である。それは長い目で見て、皆さんの思考力や他人に対する配慮、そして評判向上につながっていくはずだ。

【チェックポイント】
- ●目的を押さえているか
- ●読み手のことを理解しているか
- ●読んでもらえる文章か

- 内容がしっかりしているか
  - 主張が明確で説得力があるか
  - 印象に残るか
  - 目的に合った構成、トーンになっているか
  - 文章が読みやすく、読んでいてストレスがないか

6 ● 時間管理をする

　ここまで、書くということのプロセスを見てきた。このプロセスは機械的に一方向に流れるものではなく、行きつ戻りつして、完成品の質を高めながら進めるものであるということを再度指摘したい。

　さて、「行きつ戻りつ」とはいうものの、無限の時間があるわけではない。現在のビジネスパーソンにとって、与えられた時間は限られているし、そもそも締めの期日がある場合、それに遅れることはビジネスパーソンとして失格だ。そこで、全体を通じてしっかり時間管理することの重要性が浮かび上がってくる。

　特に締切りが厳しいものとしては、顧客向けの提案書、雑誌への寄稿、期日を明確に指定された回答メールなどが挙げられよう。これらの文章では、極端にいえば期限遅れは文章の価値を一気に「無」へと下げてしまう可能性がある。それは一気にあなたや会社の信用を下げてしまうことにもなりかねない。

　ギリギリになってから緊急対応策を練るのではなく、ステップ❶の段階でスケジューリングについて大枠を定めたうえで、プロセス全体を通じて、時間に意識を向けるようにしたいものである。

　もちろん、たいていは当初のスケジュール通りにはいかないから、多少の日程調整は必要になる。その際、避けたいのは、文章ができ上がるのが、締切り当日になるという事態だ。

　達人になれば、そうしたやり方でも完成レベルの高いものが出せるからそれでもいいだろうが、それは例外だ。長い文章になるほど、できれば、最終的にしっかり推敲し、修正する時間を持つためにも、少なくとも前日、可能ならば数日前にいったん文章を仕上げることが望ましい。そうすることで、文章を見る「目を変える」ことが可能となり、文章の質が格段に向上するのである。

7 ● 文章力を上げる心構え

次に、文章力を上げるための日常の心構えについて触れよう。これらのいくつかは多くの文章読本などでも指摘されているものではあるが、やはり重要なポイントなので、改めて指摘しておく。

● ───── 良い文章に学ぶ

まずは、日常から良い文書を読むことだ。良いものに学ぶのは、ライティングに限らず、コミュニケーションやリーダーシップ、リエンジニアリングなど、あらゆるスキル、行為の基本といえるだろう。

忙しいビジネスパーソンの中には、読む文章は業務上のメールなどを除くと、新聞や経済誌、ビジネス書だけという方もいるかもしれない。これらの中から良い文章の模範が見つかればいいのだが、上記の中でも新聞──特に経済面や政治面の記事──は、確かに無駄はないのだが無機質すぎて、あまり「人を動かすための」文章力強化の参考にはならないことが多い。

その点、新聞であっても、社説やコラムなどはまだ表現が軟らかいし、執筆者が個性を出そうとさまざまな工夫をしている。また、雑誌や書籍などは、そもそも読んでもらうための工夫がなされている場合が多く、編集者や校正者の目も入っているため、構成や見出しのつけ方、各種表記、「洗練された日本語」のレベル感、根拠となる情報の選び方や具体的イメージを持たせる事例の選択など、参考になるものが少なくない。筆者などは、これらに加えて、ブログや小説などを参考にすることが多い。こうしたさまざまな文書から何を学べるかを簡単にまとめると以下のようになるだろう。

【社内文書】
- 読み手への配慮。特に感情面
- ロジック、構成、トーンのバランス
- スピード感と詳細度合いのバランス
- 社内における自分の評判をいかに上手に活用しているか

【雑誌のコラムやブログ】
- 切り口のユニークさ
- 毎回のテーマ、主題の選択センス
- 説得力を持たせているものは何か

- 個性や人となりの表出のさせ方

【小説、エッセイ】
- レトリック、個性的な表現
- リズムやテンポ

　なお、どの文書にも当てはまることだが、1つひとつの文章に意識を向けるのではなく、「この人のブログは面白い」「彼／彼女の社内文書は、メールだろうが企画書だろうが説得力がある」と感じる人がいれば、その人の文章をずっと追ってみるのが効果的だ。特に、身近な社内の人であれば、常日頃の行動も観察しやすいので、彼／彼女が文章を書くうえでどのような工夫をしているのか観察したり、時には直にコツや心構えを聞いてみたりしてもいいだろう。

　また、気にいった文章は後で参考にできるようにとっておくことに加え、なぜその文章を良いと感じたのかを具体的に考え、それをメモに残しておくとよい。175ページに示したベーコンの言葉を改めて思い出したい。考えたことを文字に書き落とすことが思考の深化につながるのだ。

> **Column：自分のスタイルを確立する**
>
> 　小説家などは、文章のスタイルこそが重要な他者との差別化要因（ユニークさ）となる。ビジネスパーソンの場合、そこまでの重要度はないともいえるが、それでもある程度のスタイルは持つようにしたい。理由は2つある。
>
> 　第一に、自分のスタイルを持つことは、やはり他者との差別化につながり、「彼／彼女だからこそ」の仕事が増えるということがある。これは著述業を専門にしている人に留まる話ではなく、個人プロフェッショナルやフリーランスで仕事をしている人、あるいは通常のビジネスパーソンに対してもいえることだ。自分のスキルやセンス、人となりを反映した文章スタイルは、読み手の注意を引きつけ、「一緒に仕事をしたい」「彼／彼女の力になりたい（もしくは力を借りたい）」と考えさせるうえで非常に有効なのだ。
>
> 　第二の理由は効率化である。自分のスタイルを持つということは、プロスポーツの選手がフォームやトレーニング方法を固めることに近い。しっかりとしたスタイルを持てば、パフォーマンスの安定化につながり、最終的には効率を高めるのだ。

> なお、ここでいうスタイルは、最終的な文章のスタイルにとどまるものではない。本章で解説したプロセスそのもの、たとえば推敲の仕方なども、ある程度意識して自分のスタイルをつくっていくと、二重の意味で効率化は加速する。

◉ 常日頃から引用できそうな語句や事例、切り口にアンテナを張る

さらには、「これは使える」といった表現やフレーズ、切り口があれば、それもプールしておくといいだろう。また、何かの際にネタに使えそうな事例もとっておくといい。常日頃から活用できそうなものにアンテナを張っておき、良いものは、積極的に参考にするとよい。そして、そうした努力を続けながらも、徐々に自分独自のスタイルを確立するようにするのである。

本章では、ビジネスにおける文章作成の最大公約数的なプロセスと、持っておくことが望ましい日常の心構えについて述べてきた。一見地味ではあるが、実はこれこそが個人、そして組織の生産性を高めるものだ。そうした意識を持って、「息をする」ようにこれらを実行できるようになりたいものである。

第7章
実践する

本章では、実践的な課題を、２つのパートに分けて見ていく。１つは、実際の文章をどう書き直すとさらに良くなるかという添削課題。もう１つは、あるシチュエーション（テーマや依頼者は明確）において、目的を踏まえた時にどのような文章を書くと効果的かという課題だ。それぞれ、５つの文例を検討していく。

1●添削をして文章を修正する

まず、さまざまな文章を添削し、より良い文章に変えてみよう。ここでは５つ例を取り上げた。それぞれについて、適宜解説も交えながら、「状況設定」「オリジナル文章」「修正例」の順で示していく。

ここでは、第５章の冒頭ケースで見たような超悪文は取り扱っていない。すでにある程度は「読める」文章であるが、工夫は必要、といった例を取り上げている。

第５章までに解説してきたことも踏まえたうえで、あなたであればどのように「オリジナル文章」を修正するか、ぜひそうしたことも考えながら読み進めていただきたい。

状況設定①

A氏の社内メール。A氏の所属する部署において、新規顧客開拓のために役に立つナレッジを蓄積しようとポータルサイトをつくることになった。A氏はその推進担当者。メンバーに、どのような情報を載せるべきかアイデアを募ったが、反応が悪い。特に、各チームを束ねるチームリーダーからの反応は現在ゼロ。たまりかねて部署の全員が参加しているメーリングリストに催促のメールを出すことにした。（なお、A氏は部署内ではやや短絡的で激情家と思われている）

文例①：オリジナル文章

件名：ポータルサイトの件

各位

前にお願いしました掲題の件、まだほとんどの方からお返事をいただいていない状況です。特に、チームリーダーの方からのレスはまだ１件もありません。当事者意識の薄さに、驚くと同時に落胆し、怒り、そして悲しさすら感じています。

> 誤解をされている方も多いと思いますので、改めて趣旨についてご説明します。ポータルサイトをつくる際には、特に、情報収集と情報の知恵への加工の部分は、どうしても人の力が必要になります。人の力がないと、情報収集も情報の知恵への加工も進まないからです。
>
> 情報が集まり、使えるポータルにするには、いたずらに作業量を増やすのではなく、集中と選択が必要です。それについては、皆さんのアイデアが集まり次第、部長と相談のうえ、判断させていただきます。そのためにもご意見が必要なのです。それがないと何も始まりません！
>
> これも錯覚されているのかもしれませんが、今回の取り組みは、皆さんの業務量を増やすものではありません。
>
> おそらく、日々の営業活動で皆さん非常に非常にお忙しいのだとは思いますが、ぜひ、当事者意識を持って、意見を出してください。期日は明後日までとさせていただきます。
>
> 以上

　実際にこうしたメールを受け取ったり書かれたりした方も多いのではないだろうか。ただ、このメールによって、本来の目的である、「なるべく部署全員から（良い）アイデアを募る」という目的が果たせるかは疑問だ。
　まず、トーンとして、全体的に挑発的で「協力しよう」と感じにくい点が指摘できる。むしろ、「カチン」とくる人も多いのではないだろうか。具体的には、「当事者意識の薄さ」「怒り」「誤解をされている方も多いと思いますので」といった表現がそうだし、「特に、チームリーダーの方からのレスはまだ１件もありません」などは、かえってチームリーダーの反発を招きかねない。
　最後の段落の「非常に非常にお忙しい」というあえてくどく書いた表現も、人によっては、「本当は忙しくもないくせに」という皮肉と受け取るかもしれない。期日の指定もやや一方的だし、最後の、「以上」も非常にぶっきらぼうな印象を与える。全体的に読後感はよくない。「やはりA氏らしいな」と思われてしまいそうだ。
　また、今回の依頼の目的や、協力した際のメリットがちゃんと伝わるかも疑問だ。「とにかくポータルをつくるのは大変だから協力してくれ！」という以上のことが伝わっていないのではないだろうか。

さらには、第2段落の「情報収集と情報の知恵への加工の部分は、どうしても人の力が必要になります。人の力がないと、情報収集も情報の知恵への加工も進まないからです」は、同じことを繰り返しているだけで理由付けになっていない。第4段落の「今回の取り組みは、皆さんの業務量を増やすものではありません」は、「なぜ？　現実に今回は業務が増えるじゃないか」との疑問を呼び起こしそうだ。
　つまり、このメールは、目的に照らした時にあるべき内容やトーンが備わっていないし、文章の完成度といった点でも合格点はつけにくいのだ。

【全体評価】
- 目的を押さえている　×（大きな問題点）
- 読み手のことを理解している　×（大きな問題点）
- 読んでもらえる　×〜○
- 内容がしっかりしている
  - 主張が明確で説得力がある　×（主張そのものは明確だが）
  - 印象に残る　×（悪い意味での印象には残る）
  - 目的に合った構成、トーンになっている　×（大きな問題点）
  - 文章が読みやすく、読んでいてストレスがない　△

こうした観点から修正したのが下記の修正例である。

文例①：修正例

件名：【要アクション（リマインド）】顧客開拓ポータル作成にあたってお知恵拝借のお願い

○○部門の皆さん。

前にお願いしました表記の件、まだほとんどの方からお返事をいただいていない状況です (T_T)
お忙しいとは思いますが、ぜひレスをください。

先日のミーティングでもお話ししましたが、まずはこれを考えていただくことで、「営業担当者が効果的に新規営業をするうえで、何が本質的に必要なのか」という点に関し、

認識を共有化するきっかけとなります。

ポータルはあくまで手段であって、それによって何をしたいかが重要です。その意識が共有されていないと、そこに情報や知恵を集めることが余計な仕事のように感じられてしまいます。その結果、形だけはつくったものの、情報が集まらない、更新されない、使えない、使ってもらえないということになってしまいかねません。

ポータルサイトをつくる際には、特に、情報収集と、それらの知恵への加工（情報の価値の判断、意味付け、一般化、分類、インデックス付与など）の部分は、どうしても人の力が必要になります。

だからこそ、まずは必要度と難易度を明確にすることが必要です。今回は、皆さんにしっかりアイデアを出していただいたうえで、部長と相談のうえ、必要度、難易度の重み付けをする予定です。非常に大事な作業であり、皆さんのご協力なしには進みません。

そのうえで、メリハリをつけて、効率化・省力化できるところはできる限りそうしたいと思います。

今回のポータル構築は、我々の生産性、競争力を向上させるうえで非常に重要な取り組みです。短期的にはやや負荷をおかけすることになるかと思いますが、長期的には、かえって我々の負荷は減るはずです。

そうしたことをご理解いただいたうえで、よろしくご協力お願いします。特に、チームリーダーの方は率先してアイデア出しをしていただければと思います。

期日ですが、皆さんお忙しいこととは思いますが、どんなに簡単なものでもかまいませんので、まずは明後日をめどにレスいただければ助かります。

なお、すでにいただいたレスの中では、ML番号1111のBさんのメールと、ML番号1122のCさんのメールがわかりやすくて皆さんの参考になるかと思います。「どう書いていいかわからない」という方はぜひ参考にしてください。

状況によっては、部長と相談のうえ、また再プッシュさせていただくかもしれませんが、

| そうならないことを期待しています。よろしくお願いいたします。

これであれば、読んで気分を害する人は少ないだろうし、目的も果たせそうだ。具体的な修正点としては以下がある。

- タイトルや冒頭部分も含め、全体的にアクションの必要性を喚起した。特に、なぜ今このアクションが必要なのかの説明を丁寧に行うとともに、これが皆のメリットにつながることを強調した
- 読み手に配慮し、文章のトーンを大きく変えた
- 具体的にアクションをとりやすいように事例の紹介をした

分量的にはオリジナルに比べてやや長めになってしまったが、PCであれば2スクロールで読める分量なので、通常であれば許容範囲である（ただし、状況によっては、さらに文章を削る必要もあるだろう）。

なお、修正後の文章で、いわゆる顔文字（今回の例では（T_T））を用いていることに違和感を持たれた方もいるかもしれない。ビジネスの文章に顔文字が許容されるか否かは、組織文化や相手との親密度合い次第であるが、許容される環境であれば、うるさくならない程度に使うことは問題ないだろう。

> 状況設定②

コンサルティング会社が顧客企業に宛てた、定期郵送冊子のコンテンツの一部

> 文例②：オリジナル文章

組織・人のマネジメント

　まず、2つの話を紹介する。
　家電メーカーC社は、誰もが知る日本有数のメーカーだろう。かつては技術的に優れた革新的な製品をつくり出し、それをヒットさせることで知られていた。大ヒットとなった「XXX」や、「YYY」などといった製品群だ。これらは日本の産業史に輝く金字塔でもあった。
　だが、ここ数年はあまり大きなヒット作がなく、業績も伸び悩んでいた。
　それが原因か、開発担当役員と販売担当役員の関係は険悪そのものであった。そもそ

も、それぞれの部門の仕事のやり方が大きく異なっていた。

　開発部門では、技術的に優れた革新的な製品をつくることに主眼が置かれていた。その一方、販売部門では、確実な売上げが見込める定番的な商品を、なじみのルートに流すことに力を入れる状況であった。その背後には、厳しい競争環境があった。この２つは水と油のように交わることはなかった。

　同様にエネルギー商社D社も収益力の低下に悩んでいた。D社は、総合商社ほど有名ではないものの、業界人なら誰もが知っている著名な企業だ。業界での地位も低くはない。それにもかかわらず、収益性が低下していたのだ。同社は、かつてコンサルティングファームに仕事を頼んだものの、あまり良いサービスを受けられなかったことがある。それ以来、コンサルティング会社嫌いになっていたのだが、今回は、やはり客観的な専門家からのアドバイスがほしいということで、およそ10年ぶりにコンサルタントに調査を依頼した結果、社員１人当たりの生産性が著しく低下している、との知らせを受けた。そして、その問題を解決しようと、高度なITシステムを導入したり、業務フローを見直すなどしたが、収益は改善する気配がなかった。

　本社の５階には、社員の間で年金生活者の部屋と呼ばれる部署があったのだが、疲れた一般社員からは、そうした連中がいなくなれば、生産性は一気に上がるという声もあった。

　その５階の部門は、今ではあまり需要のない燃料を取り扱っている部門で、定年間近の高所得者が多かった。あまり仕事のない彼らは、昼間から本や新聞を読んでばかりいるという噂だった。若い頃は安い賃金で働かされたのだから、年をとったら楽をして当然という態度だった。

　これらは、両方とも人・組織の問題が起きている例である。人や組織が機能しないと、企業は競争に勝てない時代だ。もっと人々は、人や組織のマネジメントに対する理解を持つべきなのではないだろうか。

　タイトルに工夫もないし、何の前ふりもなく、目的や意図が曖昧なまま延々と２つのケースを読まされるので、最後まで読む気の起きない文章の典型といえる。２つのケースもやや冗長で、カットできそうな部分が非常に多い。たとえば、最初のケースの「大ヒットとなった『XXX』や、『YYY』などといった製品群だ。これらは日本の産業史に輝く金字塔でもあった」の部分や、後者のケースの「コンサルティング会社嫌い」の話などは、本質的に不要な情報である。

　本来伝えたいことは最後の３行なのだろうが、その部分があまりにサラッとしすぎて

いる。2つのケースの冗長ともいえる長さと、本来伝えたいことのバランスが著しく欠けているといえよう。2つのケースの解説がないのも、読み手に対して不親切といえる。この文章が載った定期郵送冊子はコンサルティング会社の営業ツールの役割を果たすことを期待されているわけだが、これでは「このコンサルティング会社は大丈夫か？」と思われてしまい、かえって逆効果である。

【全体評価】
- 目的を押さえている　×
- 読み手のことを理解している　×
- 読んでもらえる　×（大きな問題点）
- 内容がしっかりしている
  - 主張が明確で説得力がある　×（大きな問題点）
  - 印象に残る　×（大きな問題点）
  - 目的に合った構成、トーンになっている　×（最大の問題点）
  - 文章が読みやすく、読んでいてストレスがない　△

こうした点を踏まえ修正を施したのが以下の修正例だ。

文例②：修正例

人・組織のマネジメントに対する理解が企業業績を左右する

　組織で働く社員を取り巻く問題と、その社員が所属する組織の問題が全社的に及ぼす影響は大きい。「人・組織」の問題がうまく管理されない限り、どんなに良い商品をつくったり社員がしゃにむに頑張ったりしたところで、企業の成功には結びつかないのである。それを示す典型例を2つご紹介しよう。

【ケース1】
　家電メーカーC社は、かつては技術的に優れた革新的な製品をつくり出し、それをヒットさせることで知られていた。だが、ここ数年はあまり大きなヒット作がなく、業績も伸び悩んでいた。役員会議ではいつも、開発担当役員と販売担当役員の言い合いが起こった。
　開発担当役員は「販売がちゃんと売ってくれないのがいけない」と言い、販売担当役

員は、「開発が売れる商品をつくらないのがいけない」と言った。議論はいつも平行線のまま、決着がつかなかった。

開発部門では、昔からの伝統の「技術的に優れた革新的な」製品をつくることに主眼が置かれていた。優れた技術を開発した者や、今までになかった新しい機能を開発した者などが高く評価されていた。

一方、販売部門では、厳しい環境を反映して、個々人の業績評価も厳しくなっていた。月ごとの販売成績が発表され、それが振るわない者は評価も下がった。おのずと販売担当者たちは、確実な売上げが見込める定番的な商品を、なじみのルートに流すことに力を入れた。売れるかどうかわからない、新しい機能のついた新商品などにはあまり力を割こうとはしていなかったのだ。

【ケース2】
収益力の低下に悩むエネルギー商社D社では、コンサルタントに調査を依頼した結果「社員1人当たりの生産性が著しく低下している」との分析結果を得た。そこで、社員の生産性を高めるべく、高度なITシステムを導入したり、業務フローを見直すなどして効率化を進めた。

しかし、それにもかかわらず、収益力は改善の兆しを見せなかった。

「5階の連中がいなくなれば、生産性なんて一気に上がるだろう」。IT導入や業務改革で疲れ果てた社員たちの間では、こんなことがささやかれていた。

本社の5階には、社員の間で「年金生活者の部屋」と呼ばれる部署があった。今ではあまり需要のない燃料を取り扱っている部門で、そこには定年間近の高所得者ばかりが配属されていた。あまり仕事のない彼らは、昼間から本や新聞を読んでばかりいるという噂だった。5階の人たちは、「若い頃は安い賃金でがむしゃらに働いてきたのだから、年をとったら少し楽をさせてもらって当然だ」と言うのだった……。

いずれのケースも、人・組織の問題が全社的な問題に影響を及ぼしている例である。

ケース1では、「ヒット作を出して売上げを伸ばしたい」という経営側の意向と、部門ごとの評価制度が噛み合っていないことが考えられる。ヒット作を出したいのに、開発担当者は「技術的に優れた」製品をつくることに目が向き、市場のニーズには目が向きにくくなっている。販売担当者は売上げ数字ばかりに目が向き、新製品を売ろうという気持ちが起こらない。その結果、経営側が意図しない方向に社員が動いてしまい、戦略目標である「ヒット作による売上げ拡大」が実現できなくなっている。

ケース2では、報酬制度や組織文化が、企業全体の業績に影響を与えている可能性が

ありそうだ。年功序列で高賃金を得る高年齢者が増えてくると、このような問題が生じがちである。実際に、高年齢者の賃金が企業の収益を圧迫しているかどうかは別としても、そのような人たちがいるという事実は、社内の文化や社員のモチベーションに強くマイナスの影響を与えている可能性がある。

　戦略がコモディティ化している現在、競争の主眼は、それを実行する人や組織に移りつつある。今回紹介した２つのケースのような事態を避けるためにも、組織や人のマネジメントに対する理解を、経営陣はもちろん、組織のあらゆる人々が持つことが必要不可欠な時代になったといえよう。

主な修正点は以下のとおりである。

- 伝えたいことをダイレクトにタイトルに反映させた
- 冒頭に本論で伝えたいことのエッセンスを提示し、それをさらに最後の段落で再び強く打ち出すことで、メインメッセージを強調した
- 具体的イメージを喚起し共感を買うためのケースを、長くなりすぎないように無駄な箇所は大幅にカットして紹介した
- ケースを提示するだけでは不親切であるため、そのケースに関する解説を加え、これらが組織や人の問題であることを印象づけている

状況設定③

　あるシンクタンク研究員のブログの文章。個人ブログではあるが、社名と個人名は出している。ブログの読者から仕事の打診が来たこともある

文例③：オリジナル文章

漢字検定ブームに思う

昨今話題の「漢字検定」、儲かりすぎることが問題になっているくらいだが、確かによくできたシステムである。漢字の読み書きという身近な対象、ひねりの要らない勉強法、級位の難易度設定のうまさなど。

おそらく「この検定を取ったところで、ちょっとした自己満足になるくらいで、実生活

> のメシの種につながるわけでもない」というある意味での気楽さが、受検者層の裾野を広げるのにちょうどいいのだろう。
>
> 思うに、漢検のこの成功は、他のジャンルで応用できるのではないだろうか。天下りの温床などと言われつつも、「検定試験」というのは雇用を生み出す常套手段の1つだ。英検やTOEIC、簿記などは言うに及ばず、秘書検定やシスアド、マイクロソフトなどもそうだ。検定合格という目に見える基準を示すことで、サービスでおカネがとれるようになるし、級位を徐々に上げていくことを通じて教育効果にもつながる。
>
> 特に、サービス業の生産性向上や、非正規労働者でもスキルを高められる職業教育機会の充実が求められている昨今、受検者層の間口が広く、級位を分けられるほど求めるスキルの深さがあり、級位が上がれば代価にそれを反映させて違和感のない「検定試験のネタ」というのは、あるはずだ。そういうアイデアがもっと世に出てきてもいいのではないだろうか。

　文章そのものは特段おかしいわけではないが、あまり読み手に強い印象は残しにくい文章といえる。「まあ、そうかな」くらいで終わってしまいそうだ。
　せっかく着眼点は良いのだから、何かしら工夫をすることで強い印象を残し、読者の一部に行動（この場合は、事業企画を立て、動く。あるいはその相談をしに執筆者のもとに来るなど）を起こさせることは可能である。

【全体評価】

- 目的を押さえている　△
- 読み手のことを理解している　△
- 読んでもらえる　×〜△
- 内容がしっかりしている
    - 主張が明確で説得力がある　△
    - 印象に残る　×（最大の問題点）
    - 目的に合った構成、トーンになっている　△
    - 文章が読みやすく、読んでいてストレスがない　○

書き換えたのが以下の修正例だ。

文例③：修正例

サービス業の生産性向上につながる検定ビジネスに機会あり

昨日、○○○という番組を見ていたら、「漢字検定」を芸能人が受検するという企画をやっていた。この「漢字検定」、確かによくできたシステムである。漢字の読み書きという身近な対象、ひねりのいらない勉強法、級位の難易度設定のうまさなど。

そして、漢字という取りつきやすいテーマが、受検者層の裾野を広げるのにちょうどいいのだろう。企画に出ていた芸能人たちも、結果を聞いて大げさに喜んだり悔しがったりしつつも、どこかイキイキしていた。

ところで、漢検のこの成功を、他のジャンルで応用できないものだろうか。「検定試験」というものは、雇用を生み出したり、世の中全般のスキル向上を高めたりするには良い手段だ。TOEICや簿記などは言うに及ばず、秘書検定やシスアドもそうだし、カラーコーディネーターや野菜ソムリエもそうだ。

特に、サービス業の生産性向上や、非正規労働者でもスキルを高められる職業教育機会の充実が求められている昨今、この分野において、

・受検者層の間口が広い
・級位を分けられるほど求めるスキルの深さがある
・級位が上がればサービス代価にそれを反映させて違和感がない

という条件を満たす「検定試験のネタ」は、考えてみればたくさんあるはずだ。
検定合格という目に見える基準を示すことは、サービスでおカネがとれるようになるし、級位を徐々に上げていくことを通じて教育効果にもつながり、一石二鳥である。

たとえば、「接客業検定」などは、ビジネスになるのではないだろうか。まずは、通常の窓口業務などを扱う「一般接客」と、ホテルや百貨店などに向けた「厚遇接客」に分ける。役所や病院でも窓口に立つには「一般接客3級」を取らないとダメ、引越し業者が「ウチの社員は全員『一般接客準1級』以上」というのを売りにするとかは、面白いのではないだろうか。最年少で「厚遇1級」に合格したスーパー女子中学生現る、とかいう

ニュースが流れれば、非常に愉快だし、励みにもなるだろう。

これらは単なる思いつきだが、うまくビジネスモデルを考えれば、大きな商機があるはずだ。ひょっとすると、「デミング賞」ならぬ、自分の名前がついた「○○賞」が生まれるなど、考えただけでも愉快ではないか。

幸い、筆者は関係省庁に知り合いも多いので、面白いアイデアは本当に相談に乗りますよ。ぜひ良いアイデアを思いついた方はご連絡ください。

好き嫌いは生じるだろうが、オリジナルの例に比べると、印象に残る度合いは強くなったのではないだろうか。修正例の文章で変わったところは、以下のような点が挙げられる。こうした工夫が、読み手の印象を大きく変えるのだ。

- タイトルに工夫をしている
- 冒頭にテレビ番組の話題を持ってくることで、読者の関心を引く
- 独自のユニークなアイデアをさらに具体的に、しかも愉快なトーンで肉付けしてイメージが湧くようにしている
- 直接的に行動を促している
- 読んだ後に、読み手が「何かできないかな」と考えたくなるようなトーンで書かれているため、読後に印象が残る

状況設定④
主に経営情報を配信している媒体が月に1回出している、会員向けメールマガジンの編集後記。読者は主に30代をボリュームゾーンとする一般のビジネスパーソン

文例④：オリジナル文章
「デワノカミ」という言葉がある。無論、大昔の出羽国を治める役職のことではない。小職は、これを今後日本にどんどん広げたい。具体的には、「日本では、今、こんなに素晴らしいことが起きていますよ」というポジティブ情報を世界に向けて発信することを仕事としてやっていきたい。また、社内でも、「大阪支社では……」「前にいた会社では……」など、良い情報はどんどん伝えていこうと思う。

ここまで読んで、結局、「デワノカミ」って何だ、と思われた方も多いだろう。これはも

ともと、「アメリカではこう」「ボストンではああ」「ニューヨークではそう」などと、「……では」と口に出してしまって、日本の組織で総スカンを食らうタイプの人間のこと。外国かぶれで嫌味で生意気な人間に見えやすい。

聞いた話では、どの会社にもこうした人間はたくさんいるらしい。小職が20年くらい前にボストンで１年間留学をした時も、ある日系大手企業のニューヨーク駐在員の方から、「アメリカでは」なんてことはあまり言わない方がいいというアドバイスを頂戴した。

私がデワノカミの必要性を感じるのは、日本全体の傾向として、「内向き志向」を強く感じるからだ。変わらなくても何とかなる時代であればそれでもよかった。あるいは、外からの助言や批判を拒絶してもいい時代ならそれでもよかった。しかし、今や日本はグローバル展開で世界に大きく後れをとっている。

「アメリカでは……」「中国では……」「韓国では……」といった言葉にもっと耳を傾けるべきなのだ。かつての日本は、海外から学んだものを積極的に取り入れ、外からの批判を自己変革の原動力に転換したと誇ったものだ。

私事になってしまい恐縮ではあるが、３年半近くのニューヨーク駐在を終えて帰国してから、そろそろ２カ月になろうとしているが、小職がいまだに馴染めないのが、通勤電車ですれ違う人たちの静けさ。満員電車の中で身体や鞄が思いっきりぶつかっても何も言わない。乗り込む時も降りる時も他人をぐいぐい押す。靴を踏もうが無言。車内が空いている時は、今度は皆うつむいてシーンとしている。

ニューヨークでは、人とぶつかったらまず間違いなく「エクスキューズ・ミー」とお互いに言う。少し荷物が触れても「エクスキューズ・ミー」。通行の邪魔になっている人がいたら「エクスキューズ・ミー」。アメリカ人は謝らないとよく言われるが、それはシリアスな問題の時の話であって、日常生活ではけっこう謝る。無言でいたら、それこそ喧嘩になりかねない。見知らぬ人に対してもちゃんと謝る。

まずは、アメリカ帰りとして、こうした情報を皆さんに提供しようと思う。

　言いたい内容が伝わらないわけではないが、リズムが悪いところや、一瞬、「ウン？」と考えないと理解しにくい箇所もある。また、出だしのセンテンスなどは工夫の跡を感

じるものの、最終的に尻切れトンボ感があり、全体としてややインパクトに欠ける印象だ。これも素材そのものは良いだけに、もったいない感じがする。
　原因としては、

- 「デワノカミ」が何を指すのかが、勘のいい人は別にして、最初の1段落目だけではわからず、ややモヤモヤしたまま第2段落に入ってしまう
- 最後が締めとして弱い
- 「私事になってしまい……」への段落への接続感がやや悪く、唐突感がある
- 結局、最も伝えたいことが、「デワノカミ」の重要性なのか、アメリカにおけるコミュニケーションマナーなのかがわかりづらい
- 30代をメイン読者とする編集後記としては、トーンが若干硬め
- 構成が練られていない

などが代表的なものとして挙げられるだろう。

【全体評価】
- 目的を押さえている　△
- 読み手のことを理解している　△
- 読んでもらえる　△
- 内容がしっかりしている
  - 主張が明確で説得力がある　△
  - 印象に残る　△
  - 目的に合った構成、トーンになっている　×（最大の問題点）
  - 文章が読みやすく、読んでいてストレスがない　△〜○

こうしたことを踏まえたうえで、構成を大胆に変え、またトーンを軟らかめにして、具体的な情景や事例も加筆して書き換えたのが以下の修正例だ。

> **文例④：修正例**
>
> 3年半近くのニューヨーク駐在を終えて帰国してから、そろそろ2カ月になろうとしていますが、いまだに馴染めないのが、通勤電車ですれ違う人たちの「静けさ」です。
>
> 満員電車の中で身体や鞄が思いっきりぶつかっても、何も言わない。乗り込む時は黙っ

てぐいぐい他人を押す。降りる時も、人がいようがなんだろうが無理やり押し分け、かき分けして進む。靴を踏もうが無言。満員電車でうめき声も上げずに、ひたすら耐える……。不気味である。

ニューヨークでは、人とぶつかったらまず間違いなく「エクスキューズ・ミー」とお互いに言い合う。少し荷物が触れても「エクスキューズ・ミー」。通行の邪魔になっている人がいたら「エクスキューズ・ミー」。日本語で言えば、「ごめんなさい」「すみません」になる。

アメリカ人は謝らないとよく言われるが、それはビジネスの真剣勝負や訴訟になりそうなシリアスな問題の時の話であって、日常生活ではけっこう謝る。それも、見知らぬ人に対してである。人にぶつかって無言でいたら、それこそ殴り合いの喧嘩になりかねないからかもしれないが……。

こんなことを書くと、日本では嫌われることはよくわかっています。「アメリカと日本は違う」「アメリカかぶれ」「そんなにアメリカが好きならアメリカに行け」などと。でも、ある意味、確信犯です。

もう20年くらい前のこと。ボストンで1年間の留学中に、ある日系大手企業のニューヨーク駐在員の方からこんなアドバイスをいただいたことがあります。

「日本に帰ったら自分の言動に注意した方がいい。『アメリカではこう』『ボストンではああ』『ニューヨークではそう』なんて、ついついやってしまいがちだけど、日本の組織では総スカンを食らう。外国かぶれの嫌味で生意気な奴だってね。うちの会社では、そういう人は、『出羽の守（デワノカミ）』なんて陰口を叩かれているんだよ」

「へえ、古臭い会社だなあ」と思って、帰国後にいろいろな人に話してみると、意外なことに「『デワノカミ』、知ってる、知ってる」「うちにもいるよ」というリアクションが続出。日本の企業組織に広く根差した文化だということに気づいて驚いたことがある。

当時、そんなことでは、グローバル化なんてできないじゃないかと思っていたら、案の定、日本はまるごと出遅れた。変わらなくても何とかなる時代、外からの助言や批判を拒絶する傲慢さが許された時代が長すぎたなと、しみじみと思う。

しかし、もう、そんなことを言っていられる状態ではない。若者の「内向き志向」がよく言われるが、これは若者に限った話ではなく、日本全体の問題だと思う。かつての日本は、海外から学んだものを積極的に取り入れ、外からの批判を自己変革の原動力に転換したと誇った。だが、今はそういう他人に学ぶ謙虚さというか、何でもかんでも取りこんでしまうようなエネルギーを感じられないのである。

だから、今こそ「デワノカミ」にどんどん登場してもらいたい。「アメリカでは……」「中国では……」「韓国では……」「インドでは……」と、海外経験者はどんどん発言すべきだと思う。「日本のここがおかしい」とはっきり言うべきだ。

別に国内・海外でなくてもいい。「大阪支社では……」とか「5階では……」とか「前にいた会社では……」とか、ポジティブで、良い情報ならば、どんどん発信すればいい。

僕はまず、「人にぶつかっても黙っている日本の文化は変だ！　アメリカでは必ず謝る！　ニューヨークでは、皆、日本人よりもはるかに礼儀正しい！」と言いたい。

そして同時に、「日本では、今、こんなに素晴らしいことが起きていますよ」というポジティブ情報を世界に向けて発信する「逆デワノカミ」にもなりたい。

デワノカミ、万歳！

　主な修正ポイントは以下である。アメリカでの経験や過去の経験という素材をうまく料理して、それを多くの読者が共感できるメッセージへとつなげていることを感じてほしい。

- オーソドックスな起承転結の構成とすることで、ストーリーや最終的な提言が自然に頭に入っていくようにした
- やや長めの文章となったので、テンポ、リズムを重視した。また、トーンを若干軟らかくした（厳密に言えば「だ・である」調と「です・ます」調は混在させない方が望ましいが、ここではリズムよく書くことでそれを意識させないようにしている）
- 最終的に伝えたいことをクリアに打ち出した
- 筆者の経験などを生々しく盛り込み、また人となりや思いをより強く出すことで、好ましい読後感になるよう工夫した

あえて言えば、最後の「デワノカミ、万歳！」の締めの是非であるが、媒体にもよるが、こうした若干の「遊び心」は許容範囲といえよう。

> **Column：本来の意味とは異なる用法が一般化した言葉**
>
> 　文例④の修正例の途中に出てくる「確信犯」は、もともとの意味は「宗教や政治的信念に基づいて行われる犯罪」である。文中では「悪いことだとわかっていながら、あえてそれを行うこと」という意味で用いられているが、辞書では第二義に載っていることもあり、現代において一般に広く認知されている用法であるため、ここではその意味で使っている。
>
> 　このような、本来の意味とは異なる用法が一般化した言葉は増える傾向にある。これらをビジネス文章で用いることの是非については議論の分かれるところかもしれないが、想定される読み手のごくわずか（言葉に過敏な年配の方や専門家など）しか本来の用法にこだわらないようなら、それほど神経をとがらせる必要はないだろう、というのが筆者のスタンスである。
>
> 　一方、「情けは人のためならず」「役不足／役者不足」などは誤用が増えてきたとはいえ、元来の意味で正しく用いている人も多いため、避ける方が望ましいだろう。
>
> 　言葉は変わっていくものでもあり、どこで線引きをするかは難しいところだが、読み手や諸状況を踏まえたうえで、という基本は常に意識したいものである。

第7章　実践する　　207

> **状況設定⑤**
> 担当顧客から「調べておいてほしい」と要請された用語・コンセプトを営業担当者が電子メールで説明する

> **文例⑤：オリジナル文章**

件名：先日お問い合わせいただいたLTVの件

LTVとは、顧客が将来に亘って企業にもたらす利益の現在価値を指します。Lifetime Valueの略で、日本語では顧客生涯価値といいます。

新規に顧客を獲得しようとする場合、どうしても現時点で購買力のある顧客をターゲットとしてしまいがちです。しかし、そういった顧客には各社からの営業も集中するし、営業コストがかかる分、実は儲けは少なかったという結果になることも多いものです。

一部の業界は別として、通常、顧客との関係は売れたら終わりではありません。アフターサービス、クロスセリング、節目需要など、深めていく余地があります。したがって、取引期間全体を通じて、その顧客がどれだけの価値をもたらしてくれるかという観点から顧客をターゲティングしていく必要があります。

その場合に活用できるのがLTVです。顧客個人について各年の売上げと費用を想定して利益を求め、それを現在価値に割り戻します。最も一般的な計算式は添付の資料をご覧ください。

ちなみに、LTVから新規獲得コストを差し引いた値を、カスタマー・エクイティと呼びます。

こういった数値を実際に求めてみると、どれだけ儲からない顧客に時間とコストを使っていたか、いかに顧客維持より新規獲得ばかりに目を奪われていたかということに改めて気づくものです。あるいは、その結果、現在の購買力は乏しくても、加齢とともに優良顧客となりそうな若年層を今から取り込もうという知恵が浮かんでくるのです。

残念ながら、先進的なイメージのある欧米のビジネススクールでも、セグメンテーショ

> ンやマーケティング・ミックスの立案においては、現時点での優良顧客を取り込むことを強調している場合が多いようです。すなわち、静的なマーケティング戦略の考え方がまだまだベースとなっているのです。
>
> しかし顧客との付き合いが一過性では終わらないというビジネスの実態を考えると、LTVのようなダイナミックなマーケティングのコンセプトは、ビジネスや教育の現場においてもっと取り入れられるべきでしょう。当然、御社も積極的にこの概念を取り入れるべきと考えます。

　この文章でも、LTVというコンセプトの説明としては十分だし、実際のビジネスシーンでは、「わかりづらい」と正面切って文句を言われることはまずないだろう。完成度は現状でも低くはない。ただ、細かく見ると、微妙なところで表現を変えた方がより良くなると思われる箇所が散見される。たとえば以下のようなところだ。

- 全般的に、必要以上の漢字やカタカナが多い。「将来に亘って」「ターゲティングしていく」など
- 3段落目の「アフターサービス、クロスセリング、節目需要など、深めていく余地があります」はセンテンスが閉じていない
- 「加齢とともに優良顧客となりそうな若年層を今から取り込もうという知恵が浮かんでくるのです」は、個人顧客に限定した話になってしまっている。また、やや表現が文語的
- 「残念ながら、先進的なイメージのある欧米のビジネススクールでも……」の段落は、やや個人的な感想に寄りすぎている印象
- 最後の締めが「して当然」という感じでやや押しつけがましさを感じる

【全体評価】
- 目的を押さえている　△〜○
- 読み手のことを理解している　△〜○
- 読んでもらえる　○
- 内容がしっかりしている
    - 主張が明確で説得力がある　△〜○
    - 印象に残る　△
    - 目的に合った構成、トーンになっている　△〜○

－文章が読みやすく、読んでいてストレスがない　△

ある程度完成度が高く見えるような文章でも、さらに練り直すことは可能なのだ。

文例⑤：修正例

件名：先日お問い合わせいただいたLTVの件

先日ご指示いただいたLTV（Lifetime Value）の件、まずは簡単に調べてみましたので報告します。

LTVとは、「顧客が将来にわたって企業にもたらす利益の現在価値」のことであり、顧客生涯価値と訳されます。

企業が新規に顧客を獲得しようとする場合、現時点で購買力のある顧客をどうしても狙いがちです。しかし、そうした顧客は当然、他社も着目しているものです。そのため獲得競争が起きてコストがかさみ、獲得後に得られる利益に見合わない結果になることが多いといえます。

顧客の入れ替わりが激しい一部の業界（日用品や飲料など）は別として、通常、顧客との関係は「売れたら終わり」ではありません。アフターサービス、クロスセリング（既存顧客に別の商品を販売すること）、節目需要の喚起などを通じて、関係を深めていく余地があるのです。したがって、「取引期間全体を通じて、その顧客がどれだけの価値を自社にもたらしてくれるか」という観点から顧客を選別し、良好な関係を維持していくことが大切といえます。

その際に活用できる概念が、LTVです。顧客個々について、今後発生するであろう各年の売上げと費用を想定して利益を求め、それを現在価値に割り戻します。最も一般的な計算式は添付の資料をご覧ください。

ちなみに、LTVから新規獲得コストを差し引いた値を、「カスタマー・エクイティ」と呼びます。

> 顧客ごとにこれらの数値を計算してみることで、自社に利益をもたらしてくれる顧客と、そうでない顧客を見分けることができ、どの顧客にどの程度コストをかければよいかが判断できるようになります。また、顧客維持と新規獲得のコスト・パフォーマンスを比較することもできます。その結果、現在の購買力は小さくても、将来優良顧客となりそうな層を今から取り込もうという発想が浮かんでくるかもしれないのです。
>
> 新規顧客の獲得がマーケティングの課題であることはいつの時代でも変わりませんが、今日のように消費者ニーズの変化が速い時代にあっては、不特定の見込み客に対するマーケティング投資は非効率的になりがちです。そのため、ワン・トゥ・ワン・マーケティングやデータベース・マーケティングなど、顧客維持に重点を置いたマーケティング手法を取り入れる企業が増えています。そうしたアプローチの根本にある考え方がLTVであり、これは、当然、○○という商材を扱っている御社にとっても重要な考え方であるといえるでしょう。

前述したポイントを修正し、また以下の工夫を試みている。

- 補足が必要と感じた用語をカッコで説明したり（顧客の入れ替わりが激しい一部の業界の箇所など）、強調したい箇所をカギカッコで囲んだりといった工夫を加えた（「売れたら終わり」の箇所など）
- 最後の段落は、LTVの重要性がより伝わるよう、昨今のマーケティングの潮流をやや詳しく書いた。また、押しつけがましくならないトーンとした

少し粘ることで、文章がより良いものに変わっていく例といえよう。

さて、5つの文例の「修正前／修正後」を読まれてどのように感じられただろうか。文章は、その気になればどこまでも良くできるものだ。もちろん、ビジネスパーソンの時間は限られているから、いたずらに時間をかけることはナンセンスである。しかし、時間的制約の中で効果的な文章にしようと可能な限り努力するか否かは、長い目で見た時、個人にとっても組織にとっても大きな差をもたらすものだ。ビジネス上、重要な文章であればあるほど、ぜひそうした意識を持っていただきたい。

2● あるシチュエーションで効果的な文章を書く

次は、あるテーマを与えられた時に、いかに目的も踏まえたうえで効果的な文章を書くかという課題例である。ここでは、筆者が実際に社内のワークショップで用いた演習とその回答例に若干改編を加えたものを紹介する。

> **状況設定**
>
> ある経営者（A氏）に、有名書評サイトから、最近読んだ書籍で気にいったものを紹介してほしいとの依頼があった。A氏は、B経営大学院の学長C氏が書いた近刊『立ち上がれ、ビジョンリーダーたち（仮題）』*を紹介したいと考えた。
>
> ついては、その元原稿を1000字程度で書いてくれないかという依頼が、部下であるあなた（Dさん）に来た。なお、そのサイトは一般のビジネスパーソンを対象としている。
>
> Dさんの立場で、実際に文章を書きなさい。
>
> ＊寺子屋風に十数名の学生からスタートし、十数年で学校法人化も果たし国内有数の経営大学院となったB経営大学院。その建学の精神と教育理念、そして輩出した「ビジョンリーダー」の人材像を、学長C氏自らの言葉で語った書籍。

この課題に対する文例をいくつか見ていこう。なお、この演習は文章校正用の演習ではないため、明確な誤字や表記ミスなどはあらかじめ修正してある。書評は主観性と自由度が高く、意外と書きにくいものだが、自分の考えや情動をいかに読み手に伝えると効果的か、という観点から読んでほしい。

> **文例①**
>
> B経営大学院とは20XX年に誕生したビジネススクール。MBAと聞いてピンと来る人もいるだろう。創設者は現学長であるC氏。海外の経営大学院へ２年間留学した際に、現在の大学院の構想を思いつき、帰国後その実現に向け、母体となるB社を設立する。その後、経営スクール事業を大学院化したのがB経営大学院だ。つまり、起業家がつくったビジネススクールなのである。
>
> 「会社設立当時、お金はなかった。あったのは経営大学院で培った頭脳、人脈。そして社会を良くしたいという志だけだった」と学長のC氏は語る。C氏は自らの経験より、事

> を成すには、「スキル」「人脈」「志」の3つが必要だと説く。逆に言えばこの3つさえあれば社会を良くするために事を成すことができると考えている。そしてこの3つの要素を得ることができる場をつくろうと決めた思いが、現在の大学院設立の背景だ。
>
> 著書『立ち上がれ、ビジョンリーダーたち』では社会を背負って立つ人材に求められる3つの要素、そしてその要素をどのようにして開発していくべきかを、C氏が自らの体験を基に記述している。
>
> 大学院をゼロから創った起業家の頭の中をのぞいている感覚になる興味深い1冊だ。

　書籍の最小限の内容を伝えるものとしてはこれでいいかもしれない。ただ、今回の書評は、匿名の編集部員が紹介するものではなく、わざわざ指名でA氏という経営者に依頼が来たものだ。当然、執筆者A氏の署名入りの書評となる。
　それは何を意味するのか？　ポイントは、単に書籍の内容を説明するだけでは不足であり、経営者A氏の思いや人となりを同時に表出させることである。その観点に立つと、文例①は、そうした目的には応えきれていないといえよう。
　文例をあえてこのように設定したのは、往々にして錯覚しやすい「目的」を、しっかり意識することの重要性を改めて伝えたいという意図からである。また、書評であるから、読者に「買ってみたい」と思わせることももちろん大事だ。その意味で、最後の2段落がやや具体性に欠ける点がもの足りないといえよう。

【全体評価】
- 目的を押さえている　×
- 読み手のことを理解している　×
- 読んでもらえる　△
- 内容がしっかりしている
    - 主張が明確で説得力がある　△
    - 印象に残る　×
    - 目的に合った構成、トーンになっている　×
    - 文章が読みやすく、読んでいてストレスがない　○

文例②
　皆さんは、「社会人として日常の仕事に支障はないけれどこのままでいいのか」「仕事

が興味の中心ではないが、仕事で自分らしさは実現したい」とこれからのキャリアや成長に悩むことがあるのではないだろうか。

　また、人生や日々の仕事の中で起こる問題と向き合う時、ピンチをチャンスと捉え、正面から挑んでいるだろうか。

　本書は、「一歩前に踏み出したい人」「あきらめずに目的を達成したい人」にとって必携の1冊となるであろう。

　著者であるC氏は、30歳の頃、B経営大学院の母体となるB社を立ち上げた。
　あるのは資本金数十万円。そして、「激動の時代に日本の閉塞感を打破するような志を持ったリーダーを育成したい」という強い思いと、これまでの人生や（自らのキャリアチェンジのきっかけとなった）米国経営大学院で習得した知識、そして友人や家族だけだった。完全な「ベンチャー」である。
　資金調達においても、ステークホルダーとの関係構築でも、ベンチャーであるがゆえに、常に目の前に問題があった。しかし、多くの共感を集めた結果として、20XX年、十数年の歳月をかけて、B経営大学院を、日本最大規模のビジネススクールへと成長させている。

　自らビジョンリーダーを体現した著者の原動力とは。哲学とは。血潮となって流れる熱い思いは何に支えられているのか。

　著者は、「ビジョンリーダー＝優れたリーダー」に求められるのは、「スキル」「志」「人的ネットワーク」であると言う。もう少し具体的に言っておくとスキルとは、経営学の素養、考える力、伝える力。志は、自覚、使命、信念。人的ネットワークとは、人間力、相手の満足、感化力だ。どうだろう――これらのパーツから、自分と「ビジョンリーダー」との違いが見えてくるのではないだろうか。自分の優れている要素。反対に足りないもの。
　もし足りない要素があるとわかったなら、強化すればいいのだ。本書により「真剣に生きたいビジネスパーソン」は、人生を考えるチャンスと、そして何より勇気を得るだろう。

　これも、A氏の人となりを伝えるという意味ではやや弱い箇所はあるが、「この本を

読んでこんな点を学んでほしい」という思いは伝わってくる。出だしの問いかけのスタイルも、また、「スキル」「志」「人的ネットワーク」をもう一段階ブレークダウンした内容が書かれているので、より具体的に潜在読者に対して訴えるものがあるだろう。

今回は書評という文章なので特にその傾向が強いのだが、何か文章を書く際に、読者の関心を引いたり共感しやすいキーワードやフレーズを数個入れるのは非常に効果的である。たとえば、読者にもよるが、「スキルとは、経営学の素養、考える力、伝える力」などのフレーズは、印象に残りやすいといえよう。

【全体評価】
- 目的を押さえている　×〜△
- 読み手のことを理解している　△
- 読んでもらえる　△
- 内容がしっかりしている
    - 主張が明確で説得力がある　△
    - 印象に残る　△
    - 目的に合った構成、トーンになっている　△
    - 文章が読みやすく、読んでいてストレスがない　○

文例③

言葉の定義が思考を定める

「教育」という事に対して異論を唱える人は少ないだろう。我が社でも、教育を最重要施策として日々取り組んでいる。しかし、現実はどうだろうか。満足のいく教育がある一方、一時の流行りで実施されるもの、教育を受けてもその本人にとって成長実感がないもの。こういったものを紐解いていくと、そもそも教育とは何かという言葉を定義しておかないと良し悪しが語れないことに気づく。

著者のC氏は、海外の経営大学院へ留学し、そこで日本にこのような教育機関をつくりたいという一心でスクール事業を立ち上げ、20XX年にはついに経営学修士を取得できる経営大学院を設立した。この本からは「ビジョンリーダー」を輩出する教育機関としてのC氏の思いが伝わってくる。

本書は、特に、今悩んでいるといわれているミドル層に読んでもらいたい。その理由

> は、この本は経営大学院の説明というよりも、C氏の思い、生きざまが色濃く書かれているからである。たとえば、志という言葉。あなたの志は何か、と聞かれて答えることはできるだろうか。自分の志を語る前に、そもそも志とは何か、という定義を持っておかないといけない。著者は、志とは、「壮大なもの」「多くの人間に感動を与えるもの」「やることを事前に意思決定すること」と３つの言葉で定義をしている。
> 　どうだろう。特に最後の事前に意思決定することは私自身も強い気づきを得たところだ。夢と志の違いは、この部分にあると著者は言う。
>
> 　これ以外にも、人間関係能力とは、世界観とは、など著者の思いを語るだけでなく、そもそもの言葉の定義がしっかり説明されている。持論ばかり述べる書籍は多くあるが、このように明確かつ納得性の高い定義を持っている本にはあまり出合ったことがない。
> 　このような意味で、ミドルマネジャーの方々に本書を薦めたい。いきなり自分のやりたいことは何かを考える前に、考えるうえでの枠（定義）をしっかり持つことが、先が見えにくい時代だからこそ必要とされていると考えている。
>
> 　最後に、私が最も共感した言葉を紹介する。「信念とは何か。これは、志が強固になると信念に到達する。信念とは知の極み。考え続けて、自分自身がこれはできるのだというところまで思考が昇華した時に、信念になる」
> 　私自身、常に信念を持ち続けていきたい。

　これは、A氏の思いや人となりがある程度表出している例といえよう。ミドルマネジャーに語りかけるような書き方も印象は悪くない。
　その一方で、内容面の説明が、「志」という側面に偏りすぎたきらいがある。A氏（実際には、Dさんが推測しながら書いているわけだが）が最も印象を受けた箇所をそのまま読者にとっても価値があるものとして紹介しているのだ。ビジネススキル面などに最も興味を持つ読者をとりこぼしてしまう可能性はあるといえよう。
　ただし、これが悪いことかといえば必ずしもそうとはいえない。満遍なく全体を紹介しようとすると、焦点がぼやけてしまい、かえって散漫な文章になりかねないからだ。文字数が限られている中で、自分が最も共感したポイントを、引用とともに紹介するという方法は、１つの方法論としては可といえるだろう。

【全体評価】
- 目的を押さえている　△

- 読み手のことを理解している　△〜○
- 読んでもらえる　△
- 内容がしっかりしている
  - 主張が明確で説得力がある　△〜○
  - 印象に残る　△〜○
  - 目的に合った構成、トーンになっている　△
  - 文章が読みやすく、読んでいてストレスがない　○

文例④

「起業を使命にしたとはいえ、起業自体はあくまで手段であった。目的は、新たな社会のダイナミズムをつくることである。……そこで育った学生がこれからの日本を背負って立つことが目的なのである」

　この言葉を聞いて、読者の皆さんはどう思われただろう？
　私はこの一節を読んだ時、「同志がここにいた！」と膝を叩いた。著者のC氏は教育ビジネスと、私の携わる業界とは異なるとはいえ、ビジネスを通して社会をポジティブな方向に変えていくという思いは共通だったからだ。同じ思いを持つ仲間がここにいたと嬉しくなってしまったのだ。

　ご存知の方も多いかもしれないが、著者のC氏はB社という会社を設立し、日本に経営者教育を普及させた中心人物である。日本の経営者教育はB社設立前と後とでがらりと様相が変わったのだ。

　この本は、C氏が携わった経営教育事業での経験、そしてC氏自身が受けた教育経験で培った「ビジネスリーダーになるためのヒント」が語られている。

「ヒント」をもう少し具体的に説明すると、以下の３点になる。

（1）ビジネスリーダーの要件が理解できる
（2）ビジネスリーダーになる過程がイメージできる
（3）C氏の熱い思いに感化され、読み手に新たなエネルギーをもたらす

　残念ながら、今の日本は「リーダーとして社会を変えていきたい」という思いを持っ

た人には、なかなか有益なヒントが得られる状況にない。どこを見ても、これといったお手本がいない。また経済的な閉塞状況から、出る杭は打たれる的な雰囲気が蔓延している。

　しかしこの本を通じて、C氏や私のような思いが伝播すれば、必ずリーダーが生まれるだろう。そんな可能性を感じさせてくれるのがこの本なのである。

　中には、C氏の語る内容に、我田引水的なものを感じる向きもあるかもしれない。それは仕方がない。というのは、C氏の語る内容は、すべてC氏自身の体験に根差したものだからであり、アカデミックな研究や調査の裏付けがあるものではないからだ。しかし、その分、実地でビジネスを行ってきた人だけが発する迫力が伝わってくる。その熱気にこちらも感化されてしまうのだ。

　この年末年始に、自分の来し方を振り返り、新たな目標を考える人も多いだろう。その前にぜひこの本を読んでもらいたい。そして、自分が今の社会をどう変えていけるのか考えてほしい。この本を通じてリーダーとしての志を持つ人が1人でも増えるように願ってやまない。

　全体的にバランスのとれた書評といえよう。A氏の思いや人となりも伝わるし、書籍そのものに興味を感じる読者も多いだろう。
　工夫を感じるのは、内容をそのままダイレクトに解説するのではなく、この書籍を読むことでどのような効果が得られるのかを箇条書きで説明している点だ。ともすると書籍の紹介というと目次に沿った紹介になりがちだが、効用面から解説するというのは、実は内容をしっかり読み込んで理解しているということを言外に伝える効果もある。
　もう1つ工夫を感じるのは、「自分（この場合はA氏）」と書籍との関わらせ方（接点のつくり方）が自然かつ効果的という点だ。A氏は経営者であるから、「経営」や「リーダーのあり方」などを接点として文章を書くと、説得力も出るし、自分の人となりも出しやすいのである。

【全体評価】
- ●目的を押さえている　〇
- ●読み手のことを理解している　〇
- ●読んでもらえる　△〜〇

● 内容がしっかりしている
　－主張が明確で説得力がある　○
　－印象に残る　○
　－目的に合った構成、トーンになっている　○
　－文章が読みやすく、読んでいてストレスがない　○

文例⑤

　C氏の近著『立ち上がれ、ビジョンリーダーたち』は、私が今、我が社の社員に最も読ませたいと考え、推奨している書物である。「こんな人材を社内から輩出したい」と心底から思える像が、C氏自身の経験や先達の言葉も交えながら、明快に活写されている。

　C氏は言う。

「ビジョンリーダー」たちよ、
能力を開発し、志を立て、そして人間力を鍛えよ。
卒業後に、現場で創造と変革を行う時には、
その知的・精神的な高みを忘れるな。
そして、試練を楽しみ、自らの成長を楽しみ、
社会に貢献してほしい。

　この言葉は、まさに私自身が、すべての社員に語りかけたい言葉であった。

　日々、仕事に励む中で自らの精神と能力を陶冶し、いずれ社会に大きく新しい価値をもたらすビジネスリーダーへと脱皮してほしい。決して日々を、単に作業を繰り返すもの、腹を満たす糧を稼ぐだけのものとは捉えず、また、自らの名誉欲、金銭欲を膨らませていくだけのものともせず、誰か何かに貢献するものとして過ごしてほしい。壮大である必要はないが、何某かの高潔な志を見出し、それを勇気を持って携え、挫折すらも楽しみながら、前向きに生きてほしい。会社は、いっそ、そうした志を遂げる装置の1つと捉え、利用し切るぐらいの覇気、気概を持ってくれるといい。

　そう思うのはおそらく、私自身が「起業はあくまでも手段であり、新たな社会のダイナミズムをつくることが目的」(本書＊ページ)と考え、これまでやってきているからだろう。

> 　熱い心だけでも、冷徹な頭脳だけでも、ビジネスを前に進める絵図は描けない。見事な航海図があっても、実際に動く人がいなければ船は前へは進まない。「『志』という方向性を示すものをもとに、『スキルアップ』された頭脳を武器にし、『人的ネットワーク』を駆使すれば、無限大の可能性が生まれる」（同＊ページ）という定義も見事と感じた。経営の真理を実にシンプルに美しく言い当てている。
>
> 　100年に1度の不況と呼ばれる今般、その壁を打ち破るのがビジネスを通じた価値創造であることに疑いの余地はないだろう。願わくば、我が社の社員たちも含め、1人でも多くのビジネスパーソンが、この書に触れ、高い香りを放って人を引きつける忘己利他の志にたどり着き、それらを遂行する「リーダー」となってくれればと思う。

　これは、今回のこの文章を書く目的に照らしても、あるいは文章の洗練度合いからしても、優れた文章といえるだろう。
　引用の仕方も巧いし（引用は、自分の考え方を第三者に語らせてしまう便利な方法でもある）、中盤の「日々、仕事に励む中で自らの精神と能力を陶冶し……」の段落などは、実際にC氏が語りかけているような錯覚に陥る。
　後ろから2段落目の、説明口調ではなく、内容を想起させる説明の仕方も非常に巧みである。全般的に読後感もよく、本書を読んでみたいと思う読者も多いのではないだろうか。
　あえて言えば、最後の段落が、書評としてはやや紋切り型なきらいはあるが、ほとんど気にならないレベルといってもいいだろう。

【全体評価】
- 目的を押さえている　〇
- 読み手のことを理解している　〇
- 読んでもらえる　〇
- 内容がしっかりしている
  - 主張が明確で説得力がある　〇
  - 印象に残る　〇
  - 目的に合った構成、トーンになっている　〇
  - 文章が読みやすく、読んでいてストレスがない　〇

ここまで5つの文章を見てきたが、同じテーマが与えられても、伝わる事柄とその程度、共感する度合い、行動を起こそうとする意欲に大きな差があることがわかるだろう。この差こそが、まさにビジネスにおける文章力の差であり、第5章までに語ってきたこと、そして第6章で説明した心構えの差を反映するものなのだ。

　多くの方が、より良きビジネス・ライティングに意識を向けられ、それに挑戦していただくことを強く願う。それは単にライティングを通じた生産性向上につながるだけではなく、「理」と「情」を理解したビジネスリーダーとして成長する第一歩になるはずである（**図表7-1**）。

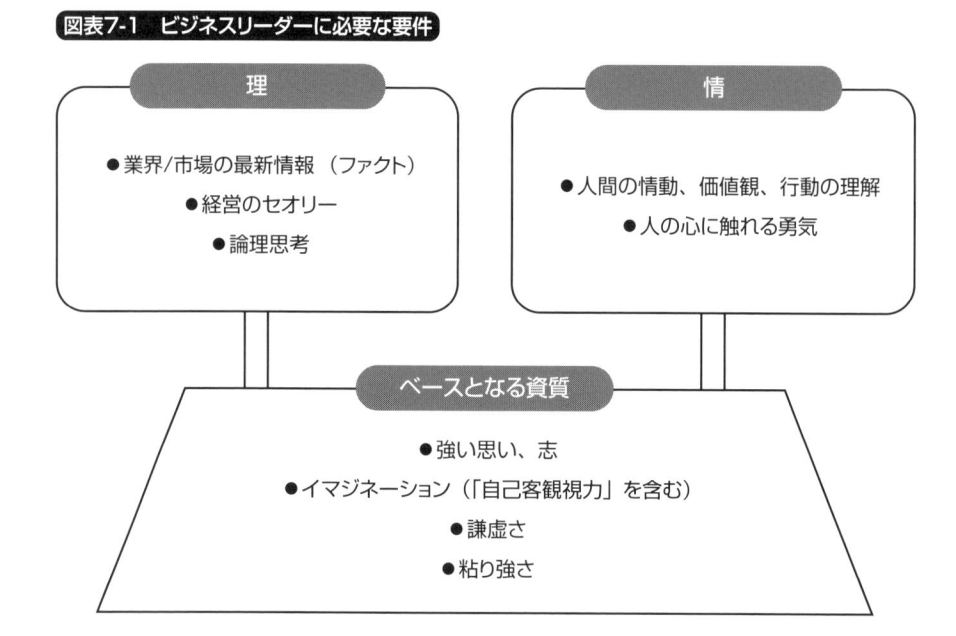

図表7-1　ビジネスリーダーに必要な要件

理
- 業界/市場の最新情報（ファクト）
- 経営のセオリー
- 論理思考

情
- 人間の情動、価値観、行動の理解
- 人の心に触れる勇気

ベースとなる資質
- 強い思い、志
- イマジネーション（「自己客観視力」を含む）
- 謙虚さ
- 粘り強さ

● あとがき

　本書は、「まえがき」でも触れたとおり、多くのビジネスパーソンが悩みを抱えるライティングという難しいテーマについて、どうすればその生産性、効率性を高めることができるかを、筆者らのさまざまな経験や知見を基にまとめたものである。

　本書を執筆した背景には、ライティングに関する強い問題意識があった。ある人にとっては特段ハードルの高くないライティングという営みが、別の人にとっては非常に難しいものになってしまう。短いメールなら比較的すぐに書ける人でも、いざ長めのレポートとなると尻ごみしてしまう。俗に言う「頭の良い人」が必ずしも良い文章を書けるわけでもない。多くのビジネスパーソンが、文章を書くことに少なからぬ時間を使っていること、そして文章の良し悪しが往々にしてビジネスの結果に重大な影響を与えることを考えると、これは看過できない問題である。

　ではどうすれば、生産性に極端なバラつきの出やすいライティングという行為を、属人的な素質によらずある程度まで標準化し、文章力向上の指針を設定できるか。これが、本書の執筆に取り掛かった大きな動機であった。

　執筆にあたり、そもそも、ビジネスにおける良い文章と良くない文章の差異はどこにあるのかという考察からスタートした。そしてたどり着いたのが、序章でも紹介した「良い文章の条件」である。そのうえで、各条件について悪い例と良い例をふんだんに盛り込んだ。文章論の書籍はさまざまあるが、ここまでビジネスパーソンの実情を踏まえたうえで体系化を行い、さらに文例を豊富に盛り込んだ類書は他にはないものと考えている。

　なお本書は、良きビジネス・ライティングのベースとなるクリティカル・シンキングについては必要最小限の記述にとどめている。より深い学びを得たい方には、グロービスMBAシリーズ『MBAクリティカル・シンキング』および姉妹編『MBAクリティカル・シンキング　コミュニケーション編』もご参照いただき、併せて学習されることを強くお薦めする。

　グロービスは1992年に社会人を対象としたビジネススクール「グロービス・マネ

ジメント・スクール（GMS）」を開校し、以来、一貫して実践的な経営教育を行ってきた。

　2003年4月には独自の修了証書であるGDBA（Graduate Diploma in Business Administration）を授与する「社会認知型ビジネススクール」をスタートさせた。その後、構造改革特別区制度を活用し、2006年4月よりMBAが取得できる「グロービス経営大学院」が開学した。さらにグロービス経営大学院は、年4月からは、学校法人立の経営大学院へと移行し、規模、評価とも、すでに国内トップクラスの経営大学院へと発展している。2012年には、東京、大阪、名古屋に続き、東北復興支援の思いも込めて仙台校を開校した。また、International MBA Program（IMBA)という、英語で取得できるMBAプログラムも展開している。2012年からはフルタイムの英語によるMBAプログラムも開始する。これからも、「アジアNo.1のビジネススクール」を目指していく。

　グロービスではまた、1993年から、企業の組織能力強化を手助けすることを目的に、実践的なトレーニング・プログラムをさまざまな企業に提供するグロービス・オーガニゼーション・ラーニング（GOL）事業を開始し、MBAで学ぶ経営フレームワークや論理思考、リーダーシップ開発などの講座を開講している。2012年には上海にも事務所を開設し、グローバルなニーズに応えている。

　1996年からは、ベンチャー・キャピタル事業も展開している。いわゆる付加価値型のベンチャー・キャピタルとして、すでに第3号ファンドまでを展開し、第4号ファンド組成を見据えている。

　グロービスはその他にも、実践的な経営に関する知を発信する出版やオンライン経営情報誌GLOBIS.JP、コンファレンス運営といった事業を展開している。

　ビジネスの成功可能性を高めるには、読み手に対する配慮をしっかりしたうえで、正しく考えたことを、より効果的な文章に落とし込む必要がある。これは、ビジネスリーダーを目指す人間であれば避けて通れない、必須のスキルといえよう。

次世代を担うビジネスパーソンが、1人でも多く、効率的・効果的なビジネス・ライティングを実践し、企業の競争力強化に寄与し、同時に、知的生産性の向上をエンジョイされることを切に願う。

グロービス経営大学院

● 参考文献

グロービス・マネジメント・インスティテュート著『[新版]MBAクリティカル・シンキング』ダイヤモンド社、2005年
バーバラ・ミント著、山﨑康司訳、グロービス・マネジメント・インスティテュート監修『[新版]考える技術・書く技術』ダイヤモンド社、1999年
グロービス経営大学院著『グロービスMBAクリティカル・シンキング　コミュニケーション編』ダイヤモンド社、2011年
グロービス著『[実況] ロジカルシンキング教室』PHP研究所、2011年

ロバート・コリアー著、神田昌典監修、齋藤慎子訳『伝説のコピーライティング実践バイブル』ダイヤモンド社、2011年
ジョセフ・シュガーマン著、金森重樹監訳『全米No.1のセールス・ライターが教える　10倍売る人の文章術』PHP研究所、2006年
ジョセフ・シュガーマン著、佐藤昌弘監訳、石原薫訳『シュガーマンのマーケティング30の法則』フォレスト出版、2006年
M. パーキン著、コーチ・エィ監修、ディスカヴァー・クリエイティブ訳『人を動かす50の物語』ディスカヴァー・トゥエンティワン、2004年
木下是雄著『理科系の作文技術』中央公論新社、1981年
本多勝一著『日本語の作文技術』朝日新聞出版、1982年
本多勝一著『実戦・日本語の作文技術』朝日新聞社、1994年
山田ズーニー著『伝わる・揺さぶる！文章を書く』PHP研究所、2001年
上阪徹著『書いて生きていく　プロ文章論』ミシマ社、2010年
丸谷才一著『文章読本』中央公論新社、1995年
丸谷才一著『ゴシップ的日本語論』文藝春秋、2007年
井上ひさし著『自家製　文章読本』新潮社、1987年
井上ひさし著『私家版　日本語文法』新潮社、1984年
三上章著『日本語の構文―三上章著作集』くろしお出版、2002年
Marvin H. Swift, "Clear Writing Means Clear Thinking Means…," *Harvard Business Review*, January -February, 1973.

● 索引

■あ
アイキャッチ …………………………… 21
アスピレーション・ポイント ………… 40
アンカー ………………………………… 21
言い直し ………………………………… 83
一文一義 ……………………………… 142
インデント …………………………… 131
引用 ……………………………………… 83
エグゼクティブ・サマリー ………… 9, 36
婉曲 ……………………………………… 83
押韻 ……………………………………… 84
オマージュ ……………………………… 86

■か
カギカッコ ……………………… 153, 166
確証バイアス …………………………… 57
カッコ ………………………………… 155
擬音語 …………………………………… 85
起承転結（序破急）型 ……………… 116
擬態語 …………………………………… 85
クリティカル・シンキング …………… 6
志の醸成サイクル ……………………… 93
個性 …………………………………… 100
固有名詞 ……………………………… 167
コンプリートメッセージ ……………… 47

■さ
畳語 ……………………………………… 82
常套句 ………………………………… 165
ジョセフ・シュガーマン ……………… 11
ストーリーライン …………………… 112
接続詞 ………………………………… 148
造語 ……………………………… 30, 86

■た
ダーシ ………………………………… 156
体言止め ………………………… 66, 84
タイトル ………………………………… 22

読点 …………………………………… 146
トーン ……………………… 13, 133, 177
トップダウン型 ……………………… 113

■は
バーバラ・ミント ……………… 50, 54
パロディ ………………………………… 86
反語 ……………………………………… 84
ビッグワード …………………………… 65
比喩 ……………………………………… 83
ピラミッド・ストラクチャー …… 46, 50, 62, 113
ファクト ………………………………… 58
敷衍 ……………………………………… 83
文章を書くプロセス ………………… 173
ポリティカル・コレクトネス ……… 163
本多勝一 ……………………………… 146

■ま
見出し …………………………… 22, 127
目新しさ ………………………………… 75
物語型 ………………………………… 117
物語のフォーマット ………………… 117
紋切表現 ……………………………… 165
問題解決型 …………………………… 114

■や
やまと言葉 ……………………………… 30
呼びかけ ………………………………… 83

■ら
リード …………………………………… 24
リズム …………………………… 84, 86, 160
レイアウト …………………………… 127
列挙 ……………………………………… 82
レトリック（修辞法） ………………… 81

■I
INFRAN ………………………………… 72

執筆者紹介

【執筆・企画・構成】
嶋田毅（しまだ・つよし）

東京大学大学院理学系研究科修士課程修了後、戦略系コンサルティングファームに入社、業界・企業分析や戦略の立案、実行支援を行う。その後、外資系理化学機器メーカーを経てグロービスに入社、現在はグロービス出版局長兼編集長、GLOBIS.JP編集顧問。グロービス経営大学院にて教鞭もとる。著書に『[実況]ロジカルシンキング教室』（PHP研究所）、『利益思考』（東洋経済新報社）、『ビジネス仮説力の磨き方』（ダイヤモンド社）など。

【執筆】
大島一樹（おおしま・かずき）

東京大学法学部卒業。日本長期信用銀行（現新生銀行）、アリコジャパンを経てグロービス入社。グロービスでは思考系科目の教材開発、講師などを行い、現在は出版局にて書籍の企画、執筆、編集を担当。共著書に『MBA定量分析と意思決定』『グロービスMBAクリティカル・シンキング コミュニケーション編』（以上ダイヤモンド社）などがある。

著者紹介

グロービス経営大学院

社会に創造と変革をもたらすビジネスリーダーを育成するとともに、グロービスの各活動を通じて蓄積した知見に基づいた、実践的な経営ノウハウの研究・開発・発信を行なっている。
グロービスは、以下の活動を通して、社会の創造に挑み、変革を導く。(http://www.globis.co.jp/)

- グロービス経営大学院（経営大学院／東京・大阪・名古屋・仙台）
- グロービス企業研修（人材育成・組織開発事業／日本・上海）
- グロービス・キャピタル・パートナーズ（ベンチャーキャピタル事業）
- グロービス出版（出版事業）
- オンライン経営情報誌「GLOBIS.JP」（経営情報サイト運営事業）
- コンファレンス運営（G1Summit／G1Global／G1Executive）

グロービスMBAビジネス・ライティング

2012年3月8日　第1刷発行

嶋田　毅　監修
グロービス経営大学院　著

©2012　Educational Corporation of Globis University

発行所　ダイヤモンド社
郵便番号　150-8409
東京都渋谷区神宮前6-12-17
編　集　03(5778)7228
販　売　03(5778)7240
http://www.dhbr.net

編集担当／DIAMONDハーバード・ビジネス・レビュー編集部
製作進行／ダイヤモンド・グラフィック社
印刷／八光印刷（本文）・共栄メディア（カバー）
製本／ブックアート

本書の複写・転載・転訳など著作権に関わる行為は、事前の許諾なき場合、これを禁じます。落丁・乱丁本はお手数ですが小社営業局宛にお送りください。送料小社負担にてお取替えいたします。但し、古書店で購入されたものについてはお取替えできません。

ISBN 978-4-478-02056-2　Printed in Japan

大好評！グロービスMBAシリーズ

改訂3版 グロービスMBAマネジメント・ブック	グロービス経営大学院 編著
改訂3版 グロービスMBAアカウンティング	西山 茂 監修／グロービス経営大学院 編著
改訂3版 グロービスMBAマーケティング	グロービス経営大学院 編著
新版 グロービスMBAビジネスプラン	グロービス経営大学院 著
MBA経営戦略	グロービス・マネジメント・インスティテュート 編
新版 グロービスMBAファイナンス	グロービス経営大学院 編著
MBAゲーム理論	鈴木一功 監修／グロービス・マネジメント・インスティテュート 編
新版 グロービスMBAクリティカル・シンキング	グロービス・マネジメント・インスティテュート 編
グロービスMBAクリティカル・シンキング コミュニケーション編	グロービス経営大学院 著
MBAオペレーション戦略	遠藤 功 監修／グロービス・マネジメント・インスティテュート 編
MBA定量分析と意思決定	嶋田 毅 監修／グロービス・マネジメント・インスティテュート 編著
MBAリーダーシップ	大中忠夫 監修／グロービス・マネジメント・インスティテュート 編
グロービスMBA組織と人材マネジメント	佐藤 剛 監修／グロービス経営大学院 著
グロービスMBA事業開発マネジメント	堀 義人 監修／グロービス経営大学院 編著

ダイヤモンド社